서울 부동산 경험치 못한 위기가 온다

서울 부동산
경험치 못한
위기가 온다

큰 판을 읽으면 기회가 보인다

이광수 지음

매일경제신문사

부동산 투자, 변화를 인정하고 현재를 바라보면 답이 보인다

난 두려움을 조장할 생각은 추호도 없다. 공인된 애널리스트로서 현재에 대한 정확한 이해를 통해 투자전망을 하려고 노력한다. 그렇게 나온 전망이 부동산 시장 호황일수도 있고 불황일 수도 있으나 그것은 내 의지와 성격 그리고 가치관과 상관 없음을 밝혀둔다. 나는 본 대로 이야기하고 그를 기반으로 미래를 예상할 것이다. 전문가가 자신의 배경, 이해관계, 의지 등으로 시장을 다르게 이야기한다면 그건 무책임한 일이라고 생각한다.

어느 방송 프로에서 모 대학 부동산학과 교수님과 부동산 시장 관련 토론을 했다. 생방송 후 스튜디오를 나오면서 교수님이 나에게 "보기보다 부정적인 분이시군요"라는 말을 했다. "집값이 떨어진다"고 했다는 이유만으로 순식간에 부정적인 인간이 된 것이다.

2018년 6월 첫 책을 통해 강남과 서울 집값이 상승한 이유와 정부 정책에 대한 판단, 그리고 향후 집값을 전망했다. "강남 집을 팔자"는 내용의 자극적인 언론 인터뷰를 통해 겁 없는 주택 시장 참여자들에 대한 우려와 걱정을 표명했다. 책을 발간한 이후 집값은 끝이 없을 것처럼 올랐고 필자의 전망은 틀린 것으로 치부되었다.

그러나 난 몇 개월 후의 집값을 전망한 것이 아니었다. 조급한 호사가들에겐 틀린 의견과 전망이었는지 모르겠지만 난 긴 안목에서 현재 상황과 변화를 이야기했다. 공교롭게도 부동산 광란의 시기를 지나 9월 13일 부동산 정책을 기점으로 시장은 빠르게 냉각되었다. 불패신화라던 강남 재건축 아파트의 호가는 몇 달 새 4억 원 넘게 하락한 곳이 나오기 시작했다. 호가 하락을 넘어 거래조차 끊긴 상황이 되었다. 팔려는 사람은 왕왕 있으나 급매물조차도 수요자들의 마음을 잡지 못했다.

모두들 우왕좌왕하고 있다. 연일 불패를 외치던 부동산 전문가들은 슬며시 정책을 핑계 대며 '조정'이라는 단어를 내밀기 시작했다. 물론 여전히 지속 상승을 이야기하는 용감한(?) 자들도 존재한다. 누굴 비난하고자 하는 건 절대 아니다. 문제는 그들의 말을 믿고 쫓기듯 수억 원 비싸게 집을 산 사람들은 돌이킬 수 없다는 점이다. 실거주자는 괜찮다며 떠미는 통에 없는 돈 끌어들여서 집을 산 사람들은 어쩌란 말인가? 방송, 세미나, 토론회에 나갈 때마다 나는 이야기했다. 집을 안 산 건 부부싸움 거리지만, 비싸게 집을 사면 생존이 걸린 문제일 수 있다고. 제발 조심하라고.

두 번째 책을 쓴다. 좀 더 확실한 현재 부동산 시장 상황을 독자들에게 전달해주고자 한다. 그리고 이를 통해 미래에 도움이 되고자 하는 선한 의지의 발동이다. 누구나 알아야 하는 지금 우리 상황을 이야기하고 싶었다. 나는 전망이나 예측에 과몰입하지 않는다. 대중은 "그래서 집값은 어떻게 되나요?", "그래서 주가는 어떻게 되나요?" 하는 예측에 무엇보다 관심을 두지만, 전문가를 포함한 어느 누구도 미래를 알 수 없다고 난 믿는다.

문제는 투자다. 투자는 당연히 미래를 보고 해야 하는데, 예측할 수 없다니 그럼 어떻게 해야 하는가? 스탠퍼드대의 파멜라 힌즈 교수는 연구논문에서 "전문가의 저주(Curse of Experts)"라는 말을 처음 사용했다. 논문은 신참자의 작업성과를 예측하는 실험을 했는데, 전문가 집단이 가장 부정확한 예측을 했다고 말한다. 전문가들은 실험의 완료시간을 추정하는 데 정확도가 가장 떨어졌고, 새로운 대안을 생각하는 데도 저항감을 보였다. 파멜라 교수는 "아무리 훌륭한 전문가라 할지라도 변화의 속도가 빠른 세상에서는 과거의 전문성으로 미래를 예측한다는 것이 큰 의미가 없으며, 그 예측은 틀릴 가능성이 매우 높다"고 했다. 여기에 미래에 투자하는 첫 번째 방법이 있다. 미래를 예측하기 어려운 이유는 세상이 빠르게 변화하기 때문이다. 그렇다면 미래의 변화를 인정하면 된다. 첫 번째 투자 원칙이다. 나는 책을 통해 변화를 이야기할 것이다.
변화는 무엇인가? 변화는 '현재와 다르다'는 것이다. 그렇다면 변화를 알기 위해서는 현재를 제대로 직시해야 한다. 이것이 미래에 투자하는 두 번째 원칙이다. 피터 드러커의 말처럼 미래는 모두 현재를 통해 일어난다(Futures that have already happened). 현재가 원인이 되어 미래는 변화한다. 그래서 현재와 동떨어진 미래는 존재할 수 없다. 내가 현재에 집중하는 이유다. 난 현재를 꾸밈없이 정확하게 이야기할 것이다. 그리고 현재를 바탕으로 한 예측과 전망이 이루어질 것이다.

변화를 인정하고 현재를 정확하게 바라보는 것. 미래에 투자해야 하는 우리에게 가장 필요한 두 가지라고 확신한다. 2013년 부동산 암흑기에 난 집을 사야 한다고 외쳤다. 사람들은 웃었지만, 난 현실적인 '숫자'만을 직시했고 변화에 대한 굳건한 믿음이 있었다. 5년이 지난 2018년 여름, 집값이 고공행진을 하고 있을 때 난 과거와 반대로 강남 집을 팔아야 한다고 말했다. 대부분 사람들은 비웃었다. 지금도 그럴지 모른다. 그들과 싸움을 하고 싶지는 않다. 내가 걱정스러운 건 수많은 경제 약자들이다. 심리적으로 쫓기는 경제 약자들은 분위기와 전문가들 의견에 휩쓸린다. 집은 오늘 사고 내일 팔 수 있는 투자 상품이 아니다. 10년 이상, 어쩌면 몇십 년 넘게 거주해야 하며, 큰돈이 오랜 기간 묶이게 된다. 긴 호흡과 큰 변화를 읽어야 하는 이유다.

독자들이 책을 통해 부동산에 대한 안목을 넓히길 원한다. 그리고 여유를 찾길 바란다. 좀 더 욕심을 내자면 투자에 대한 고민을 시작하길 바라는 마음이다. 물론 집은 기본적으로 거주 공간이지 투기 수단이 아니다. 하지만 아쉽게도 집값은 거주를 목적으로 하는 사람들이 움직이지 못한다. 내 집 한 채 없이 엄동설한에 이사를 다녀야 하는 사람들에게, 폭등하고 있는 집값을 보면서 좌절하는 평범한 과장들에게 "집은 거주하는 곳입니다"라는 한가한 이야기를 하고 싶지 않다. 이것은 이 책을 쓴 이유이기도 하다. 경제적 평등은 앎으로부터 출발한다는 확고한 믿음을 가지고 있다. 내가 쓴 책이 대한민국 경제 평등과 공평한 부동산 시장에 조금이라도 기여했으면 하는 바람이다.

> 도시에서 온 놈들은 겨울 들판을 보면 모두 죽어 있다고 그럴 거야.
> 하긴 아무것도 눈에 뵈는 것이 없으니 그렇기도 하겠지.
> 하지만 농사꾼들은 그걸 죽어 있다고 생각지 않아.
> 그저 쉬고 있을 뿐이라고 여기는 거지.
> 어느 봄날,
> 그 죽어빠져 있는 듯한 땅에서 온갖 식물들이 함성처럼 나온다 이 말이야.

김영현의 《깊은 강은 멀리 흐른다》에 나오는 말이다. 보이지 않는 것을 볼 수 있는 안목. 그리고 희망. 난 항상 농사꾼이 되려고 노력한다. 이 책이 또 다른 노력의 산물이 되길 바란다.

봄은 겨울이 지나야 올 수 있다.

다섯 가지 원칙만 지켜도
승률 확 오른다

본격적인 내용에 들어가기 전, 이 책이 말하는 '결코 흔들리지 않는 부동산 투자의 핵심'을 먼저 요약해보려 한다. 밑도 끝도 없이 시장이 어떻고 정책이 어떻고 하며 시작하는 것보다는, 내용의 뼈대를 어느 정도 더듬어본 후 첫 장을 여는 것이 이해하는 데 좋을 것이다. 여기선 큰 흐름만 짚어 머릿속을 워밍업하고, 이후 본문에서 디테일하게 설명할 것이다. 총 다섯 가지 포인트를 뽑아보았다.

하나, 좁은 문으로 들어가라

한국 아파트 가격과 거래량을 변화시키는 요인은 투기수요(투자수요, 이 책에서는 투기수요로 통일)와 투기공급(가격 오르면 매도물량 감소, 가격 내리면 매도물량 증가)이다. 변화 사이클을 보면 우선 투기수요가 증가하면서 가격이 상승하고 거래량이 증가한다. 이후 투기공급이 감소하면서 가격이 폭등하고 거래량이 감소한다. 다음에는 투기수요가 감소하면서 가격이 하락하고 거래량이 급격하게 감소한다. 이어서 가격이 폭락하고 거래량이 증가한다. 원인은 투기공급 증가다. 이후 다시 투기수요가 증가하면서 가격은 상승하고 거래량이 증가한다.

변화 사이클에서 가장 좋은 투자시기는 투기공급이 증가하거나 투기수요가 증가하는 구간이다. 가격이 폭락하거나, 가격이 회복하면서 거래량이 점차 상승하는 구간이다. 부동산 투자 시 가격이 하락한 상황에서 거래량 회복은 언제나 좋은 신호다. 그러나 시점에 맞춰 실제 투자하기는 쉽지 않다. 아무도 들어가지 않으려고 하는 좁은 문이기 때문이다.

부동산 투자에서 좁은 문은 성공을 의미한다. 부동산 시장의 사이클을 읽으면 더욱 분명해진다. 2019년 이후 대한민국 부동산 시장의 좁은 문이 열리고 있다. 두려움보다 기회를 읽을 시점이다.

둘, 정부 정책을 잘 읽어라

부동산 정책은 사이클의 진폭을 결정한다. 정책 의지가 강하면 강할수록 산은 높고 골은 깊을 수 있다. 문재인 정부의 부동산 정책은 분명하다. 투기 억제다. 보유세 강화와 임대사업자 규제가 핵심정책이고 향후 두 정책을 통해 투기 규제가 본격화한다. 세금은 생각보다 무섭다. 경험해보지 못한 보유세 강화가 한국 부동산 시장에 미치는 영향을 주시해야 한다.

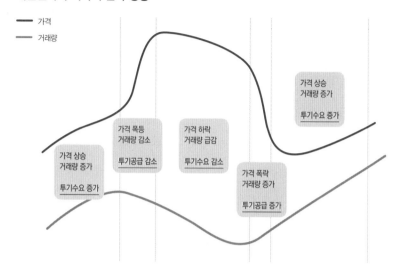

대한민국 주택가격 변화 경향

— 가격
— 거래량

가격 상승
거래량 증가
투기수요 증가

가격 폭등
거래량 감소
투기공급 감소

가격 하락
거래량 급감
투기수요 감소

가격 폭락
거래량 증가
투기공급 증가

가격 상승
거래량 증가
투기수요 증가

다주택자를 대상으로 한 세금 부담이 가중될 전망이다. 공시지가가 현실화되면서 세금부담은 더욱 커질 수 있다. 보유세는 투자 수익률을 낮춰 투기공급을 부추길 수 있다. 부동산 세금은 피할 수 없다. 불확실성에 대비해야 한다.

정부는 규제와 함께 3기 신도시 계획을 발표했다. 수도권에 30만 호 공급이 예정되어 있다. 지역을 떠나 향후 서울에 근접한 아파트 공급 증가는 부동산 시장에 부정적인 영향을 미칠 가능성이 크다. 서울 아파트 가격이 상승한 이유는 집이 부족해서가 아니다. 투기수요와 매물 감소가 주요 원인이다. 따라서 투기수요가 감소하고 매물이 증가하면 집값은 하락할 수밖에 없다. 집값이 하락할 때 신규 아파트 공급이 증가하면 시장 불확실성을 더욱 키울 수 있다. 정부의 새로운 신도시 계획을 우려하는 이유다.

부동산 시장에서 정부는 강력한 힘을 가지고 있다. 짧게 보면 무력해 보이지만 정부는 법과 규칙, 규제, 세금을 통해 부동산 시장을 의도한 방향으로 이끌 수 있다. 시간의 문제일 뿐이다. 정부 규제를 비난하기보다는 정해진 운동장이라 생각하고 받아들여야 한다. 투자에서는 싸울 대상을 잘 골라야 한다.

셋, 가격이 전부다

부동산 투자에서 중요한 건 가격이다. 가격이 변화하는 흐름을 잘 읽어야 한다. 가격이 많이 빠지면 많이 오르고, 상승폭이 크면 하락폭도 크다. 가격 변화가 큰 곳을 주목해야 한다. 가격 변화는 관심을 의미한다. 투자할 때 진짜 경계해야 하는 건 손실 가능성이 아니라 불확실성이다. 가격 변화가 없는 부동산은 투자로서 의미가 없다.

입지는 중요하지 않다. 교통, 학군 등 입지의 장점은 이미 가격에 포함되어 있다. 투자는 보석상에서 반지를 사는 게 아니다. 광산에서 다이아몬드를 찾아야 한다. 물론 변화하는 입지는 관심을 가져야 한다. 그러나 발견하기 쉽지 않다. 남들이 다 아는 교통망, 학군, 환경이 부동산 투자에서는 큰 의미가 없다.

2019년 상반기 거래량이 급감하면서 아파트 가격이 점차 하락했다. 이후 가격 하락폭이 커질 가능성이 크다. 가장 많이 빠지는 곳을 주목해야 한다. 부동산은 사용가치가 있다. 따라서 거래가격이 사용가치보다 크게 하락한다면 기회가 될 수도 있다.

넷, 새로 일어나는 일에 관심을 가져야 한다

투자하는 관점에서 변화는 위협이 아니라 기회다. 부동산 시장에 근래 들어 경험치 못한 일들이 벌어지고 있다. 전세가격 하락, 거래량 급감, 보유세 강화, 입주 물량 증가, 강남 재건축 가격 하락 등 최근 몇 년간 생각지도 못한 변화들이다. 지금의 변화는 새로운 변화를 만들게 된다. 지금 변화를 통해 미래를 예상할 수 있다.

아파트 거래 시장이 위축되면 주택 인허가 물량은 줄어들게 되고, 향후 공급은 감소하게 된다. 다주택자 매물이 증가하면 가격이 크게 하락하지만 다주택자는 줄어들게 된다. 전세 가격이 하락하면 전세 수요가 증가하면서 전세 가격은 다시 반등한다. 관성적인 분양물량으로 미분양 아파트가 증가하고 청약시장은 위축된다. 새로운 변화를 읽고 현재를 기반으로 내일을 예측할 수 있다.

투자할 때는 전문가들의 조언도 필요하다. 그러나 너무 의존하지 마라. 그리고 철저히 검증해라. 전문가의 결론보다 그 결론을 이끄는 논리를 검증해라. 불과 1년 전에는 공급 부족 때문에 가격이 상승한다고 했다가 이번에는 정책 때문에 가격이 하락한다고 하는 전문가들이 넘쳐난다. 결론을 바꿀 수 있는 유연함이 필요하지만 결론을 이끄는 원인이 바뀐다면 전문가라고 할 수 없다. 또한 부동산 투자에서 특정 지역을 말하는 전문가를 조심해라. 전문가에게 큰 방향을 구하고, 선택은 투자자가 직접 해야 한다.

다섯, 큰 판을 읽어라

언제 투자하든 어느 곳에 투자하든 거시 경제 변화에서 예외일 수 없다. 금리, 환율, 경제정책, 인구, 성장률, 설비투자에 관심을 가져야 한다. 큰 판을 읽어야 부동산 투자에서도 성공할 수 있다.

인구가 감소하고 있고, 경제성장률이 둔화하고 있다. 노령화는 빠르게 진행되고 설비 투자는 불확실성이 커지고 있다. 우울한 전망이지만 우리는 언제나 우울했다. 그 말은 희망이다. 저성장 시대 도심에 수요가 집중되면서 지역 차별화 폭은 커질 가능성이 크다. 서울의 메가시티화를 이야기하는 사람들도 있다. 메가시티에는 누가 살 것인가? 큰 판을 읽는다면 작은 투자에서도 성공할 수 있다.

최근 큰 기회가 열리고 있다. 남북 평화 진전이다. 경험해보지 못한 새로운 기회가 될 가능성이 크다. 독일 통일 당시 인프라, 설비 투자가 확대되었던 곳에 부동산 가격이 상승했다. 남북 경협이 현실화되면 어느 곳에 투자가 확대될 것인지 관심을 가질 필요가 있다. 큰 변화일수록 큰 위협임과 동시에 큰 기회이기도 하다.

목차

서울 부동산 경험치 못한 위기가 온다

PART 11

부동산,
위기가
몰려온다

결론부터 말하자면, 집값은 더 빠질 것이고 시장 역시 더더욱 위축될 가능성이 크다. 투자에서 가장 큰 리스크는 높아진 가격과 커진 빚이다. 높아진 가격은 속도의 문제고 커진 빚은 인내할 수 있느냐의 문제다. 부동산도 마찬가지다. 리스크를 측정하기 위해서는 속도와 인내심을 파악하는 게 중요하다. 수요와 공급은 가격을 결정하지만 속도와 인내심은 리스크를 결정한다. 투자에서 가격은 기회로 읽힐 수 있으나 리스크는 모든 것이 될 수 있다.

속도와 인내심 차원에서 2019년 대한민국 부동산은 위기다. 리스크가 커졌기 때문이다. 서울을 중심으로 한 빠른 가격 상승과 부동산 담보대출 증가는 위험을 확대시켰다. 확대된 리스크는 변동성을 키울 것이다. 이후 가격 하락 속도는 더욱 빨라질 수 있다.

집값이 오른 것은 그 자체로 문제가 될 수 없다. 그러나 문제는 속도다. 자산 가격의 상승 속도를 결정하는 건 심리적 영향이다. 지나친 낙관심리, 믿기지 않는 성공사례, 레버리지에 대한 환상 등이 작용하면서 가속도가 붙는다. 그러나 아쉽게도(?) 사람의 투자 심리는 물리적 질량을 가지지 못한다. 질량을 가지고 있지 않다는 말은 작은 힘에도 쉽게 움직일 수 있다는 것을 의미한다. 단기 시장에 영향을 크게 미치는 투자 심리는 주관적이고 보이지 않으며 계량화할 수 없다. 결국 가격 상승 속도가 빨랐다는 건 심리적 영향과 편향이 더욱 커졌다는 의미이며, 반대로 쉽게 허물어질 수 있다는 의미이기도 하다. 지난 몇 년간 서울 아파트 가격의 빠른 상승을 우려의 눈으로 바라보는 이유다.

또한 부동산은 거래가 빈번하게 일어나지 않는다. 심리적으로 크게 움직일 수 있더라도 거래가 빈번하지 않기 때문에 가격 변동성은 작을 수 있다. 쉽게 말해 버틸 수 있으면 부동산 가격은 빠르게 하락하기 힘들다. 그런데 부동산 시장의 인내, 즉 하락 임계점은 부채가 결정한다. 부채가 무엇보다 중요한 이유다.

가계부채는 1,500조 원이 넘었고 최근 200조 원 가깝게 주택담보대출이 증가했다. 이러한 상황에서 레버리지(부채)를 통해 집을 여러 채 산 사람들이 금리 인상과 주택 가격 하락에 얼마나 인내할 수 있을까? 게다가 사적 대출인 전세가격까지 하락한다면 '누가 먼저 파느냐' 하는 승부(?)가 펼쳐질 수 있다.

지금부터 현실을 정확하게 판단할 것이다. 편견 없이 바라보고 현재 일어나는 일들의 이유를 찾아내야 한다. 부동산 시장을 예측하면서 처음으로 우리가 할 일이다. 위기를 기회로 볼 수 있는 안목을 길러야 한다. 동전의 양면처럼 세상은 항상 뭔가 다른 게 있기 마련이다.

집값, 얼마나 올랐나?

오컴의 면도날(Ockham's Razor)이라는 말이 있다. 오컴은 면도기 회사 이름이 아니라 14세기 중세 철학자 이름이다. 오컴은 철학적 개념으로 면도날이라는 단어를 사용했다. 그는 "필요 이상으로 많은 실체가 존재해서는 안 된다"고 말했다. 무엇을 설명하기 위해 지나치게 많은 전제나 가정을 끌어들여서는 안 되며, 꼭 필요한 것으로 제한해야 한다는 의미다. 간단한 게 좋은 것이다. 진리는 '간단'에서 출발한다. 부동산 시장 전망도 마찬가지다.

"그래서 뭐가 문제라는 거야?" 대한민국 부동산은 무엇이 문제일까? 가격은 왜 급등하다가 급락할까? 사람들은 집을 왜 사려고 몰려들었다가 이제는 절대 안 사겠다고 할까? 문제에 대한 답은 많다. 그러나 미래를 예측하기 위해서는 문제를 하나로 압축해야 한다. 문제가 여러 개면 어떻게 답을 찾고 미래를 예측할 수 있겠는가? 가격에 집중하는 이유다.

투자에서 가격은 현재 상황을 압축적으로 말해준다. 투자의 출발점이자 종착지다. 가격이 항상 문제였다. 그러나 대부분 사람들은 가격을 수동적으로 받아들인다. 가격이란 '이미 벌어진 일'이며 결과라고 생각하기 때문이다. 부동산도 마찬가지다. 가격이 가장 중요함에도 불구하고 사람들은 가격 이야기에 큰 신경을 쓰지 않는다. 한다 해도 "가격이 많이 올랐네. 뭔가 오른 이유가 있었겠지" 하고 끝이다. 현재 가격 수준에 대한 기준을 세우고 출발해야 한다.

서울, 20억 원 넘는 아파트가 두 달 만에 20% 넘게 상승

서울을 중심으로 한 아파트 가격 상승세는 놀라웠다. 부동산114에 따르면 2018년 서울 아파트의 가구당 평균 가격은 8억 4,135만 원을 기록했다. 2007년 12월 7억 원과 비교해 1년간 20%가 넘는 상승률을 보였다. 1년간 20% 가격 상승은 어느 정도 이해가 될 만한 수준이긴 하다. 과거에도 1년간 개별 집값이 20% 오른 경우가 분명 있었기 때문이다.

그렇다면 개별 실거래 가격을 살펴보자. 우선 강남 대표 아파트라고 하는 반포 아크로리버파크의 경우 전용면적 85㎡가 2018년 초 24억 원에 거래된다. 이후 9월에는 31억 원에 실거래 가격이 신고되었다. 약 29% 상승한 것이다. 평균 상승률보다 높다. 같은 위치에 있는 래미안퍼

스티지의 경우 전용면적 84.93㎡가 2018년 7월 21억 5,000만 원에 거래되었으나 9월에는 최고 27억 원에 실거래되었다. 2개월간 약 25.6%가 상승했다. 20억 원이 넘는 자산이 두 달 사이 20%가 넘는 상승률을 보인 건 전 세계적으로도 이례적이다. 강남 대표 재건축 주택인 은마아파트의 경우 16억 원대에 거래되던 전용면적 84.43㎡ 아파트가 9월에는 20억 5,000만 원을 기록해 9개월간 25%가 넘는 상승률을 보였다.

강남을 넘어 소위 마용성이라는 지역으로 가보면 상승률이 달라진다. 마포구에 위치한 신공덕동 래미안3차 전용면적 114.76㎡는 2018년 3월 5억 5,000만 원에 거래되었으나 2018년 11월 11억 800만 원에 거래된다. 상승률이 무려 102%에 이른다. 실거래가 자체를 의심하게 만드는 수치다. 용산 이촌동의 LG한강자이는 전용면적 169㎡ 아파트 가격 상승률이 50%에 가까웠다.

강북도 마찬가지다. 서울숲 바로 옆에 위치한 성동구 성수동 LIG건영의 경우 전용면적 84.9㎡가 2018년 초 10억 원대에 거래되었으나 10월에 12억 8,000만 원 실거래가가 신고되어 28% 상승했다. 동대문구 청량리동의 대단지 미주아파트는 104㎡가 2018년 1월 6억 3,000만 원에 거래된 이후 9월 9억 5,000만 원으로 실거래되면서 상승률 50%를 넘겼다.

2018년 한 해 동안 거래된 7만 8,933건의 아파트 가격 실거래가를 조사하면 총 거래 중 43% 이상이 가격 상승률 30%를 초과했다. 두 배 이상 상승한 아파트도 600건 넘게 확인된다. 2018년 집값이 가장 많이 오른 아파트는 여의도 진주아파트 63.83㎡로 상승률이 192%에 달했

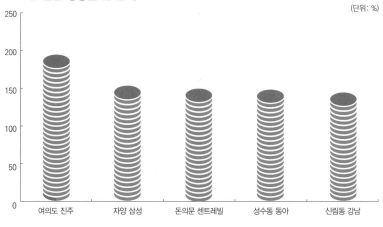

2018년 집값 상승률 큰 단지

(단위: %)

자료: 국토교통부, 미래에셋대우 리서치센터

다. 집값이 빠르게 오른 대표 아파트는 광진구 자양 삼성아파트 84.96㎡ 153%, 서대문구 돈의문 센트레빌 114.98㎡ 149%, 성동구 성수동 동아아파트 53.14㎡ 148%, 관악구 신림동 강남아파트 46.73㎡ 144% 등이다.

서울 아파트 가격 상승률, 가장 높고 가장 빨랐다

2018년 실거래가 월별 변동률(국토교통부, 부동산114 자료)을 보면 절대 상승률과 지속성 측면에서 통계치가 만들어진 2006년 이후 최고 수준을 기록하고 있다. 2018년 1월부터 11월까지 실거래 월별 지수 변동률 합산은 13.8%로 2018년 4월을 제외하고 월 평균 1.25%씩 꾸준히 상승했다.

연도별 실거래지수 변동률

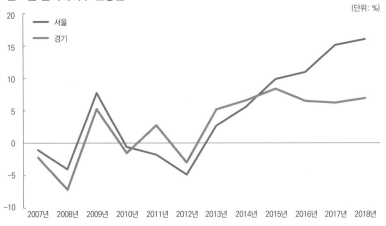

(단위: %)

자료: 국토교통부, 부동산114, 미래에셋대우 리서치센터

상승률도 높았지만 속도도 빨랐다. 2018년 월별 실거래지수 변동률을 보면 8월 5.22% 상승하여 2006년 10월 5.96% 이후 최고치를 기록했다. 2018년 8월과 2006년 10월 가격 변동률을 비교하면 특이한 점이 발견된다. 과거에는 서울 지역별로 상승률 차이가 컸던 것으로 조사된다. 그러나 최근에는 상승률 차이가 줄어들었다.

과거 2006년 10월 서울 실거래지수 변동률은 5.96%였다. 구별로 가장 높은 상승률을 보였던 지역은 은평구로 10.62%를 기록한다. 반면 서대문구와 종로구는 가격 상승 분위기에도 오히려 하락하는 모습을 보였다. 2018년 8월 서울 실거래지수 변동률은 5.22%였다. 상승률이 가장 높았던 지역은 강서구로 8.8%를 기록했다. 가장 상승률이 낮은 지역은 관악구로 2.6% 상승률을 보였다. 과거와 비교해 서울 지역 상승률을 살펴보면 지역 격차가 줄어들면서 전반적으로 상승했다. 향후 부동산 시장을 전망하는 데 의미 있는 변화로 해석될 수 있다. 구별로 실거래가 상승률을 보면 2018년에는 성동구(20%), 영등포구(19.5%), 금천구(19.09%), 서대문구(18.82%), 동대문구(18.78%)가 가장 많이 상승했다. 반면 2017년에는 성동구(21.94%), 송파구(20.86%), 강남구(19.27%), 종로구(18.87%), 광진구(16.51%)로 조사된다. 연도별 상승률 변화를 보면 2017년에는 성동구를 제외하고 강남을 중심으로 한 지역 상승세가 빨랐던 반면 2018년에는 영등포구, 금천구 등 새로운 지역의 가격이 빠르게 올랐다.

실거래가 외에 KB부동산 자료를 보면 2018년 연간 상승률은 13.56%를 기록하여 2007년 이후 가장 높았다. 연속 흐름을 보면 2014년 이후 지수가 5년간 지속 상승하여 과거와 비교해 가장 길었던 상승 기간이었다.

경기는 차별화된 상승, 지방은 차별화된 하락

서울을 넘어서 경기도로 가보자. 2018년 경기도 월별 실거래지수 상승률 합산은 6.52%를 기록했다. 가장 많이 상승한 월은 서울과 같은 8월로 상승률 2.22%를 기록했다. 서울과 비교하면 상승률이 낮다. 월 기준으로 지역 상승률을 살펴보면 남북경협으로 변동성이 컸던 연천군을 제외하고는 과천시가 13.81%(2018년 2월)를 기록해 최대 상승률을 보였다. 시군별로 보면 2018년은 하남시(26.25%), 과천시(16.94%), 광명시(13.89%),

성남시(13.87%), 의왕시(10.26%)가 빠르게 올랐다. 2017년은 하남시(22.89%), 과천시(17.89%), 김포시(17.93%), 성남시(14.24%), 양평군(12.21%) 순으로 상승했다. 반면 하락한 지역도 있다. 2018년 아파트 실거래가가 하락한 곳은 여주시(-15%), 포천시(-11%), 안산시(-9.5%)로 조사된다. 2017년 하락지역은 연천군(-13.5%), 여주시(-3.6%), 오산시(-3.5%) 등이다.

실거래가 조사를 시작한 이후 경기지방 최대 가격 상승률(7.41%)을 기록한 때는 2006년 10월이었다. 서울과 같은 달에 가장 높은 상승률을 보였다. 경기 지방의 2006년 10월과 2018년 8월 아파트 실거래지수 상승률을 비교하면 서울과 상반된 모습을 보인다. 서울은 구별로 격차가 줄어들면서 상승률 역전 현상을 보였다. 그러나 수도권은 과거 대비 상승률이 하락했다. 또한 전통적인 강세 지역은 상승률을 유지했으나 과거 대비 하락폭이 큰 지역이 나타나며 지역별 격차가 커졌다.

서울·경기와 다르게 지방은 가격 하락이 시작되었다. 지역별로 살펴보면 대부분의 시장이 약세를 보였다. 한국감정원 자료에 의하면 지방에서 2018년 아파트 매매가격이 하락세로 전환된 지역은 부산, 강원, 전북, 제주 지역이다. 하락폭이 확대된 지역은 울산, 충북, 경북, 경남 지역이었다. 2018년 아파트 가격 하락폭을 보면 울산이 -9.9%로 가장 크게 빠졌고 다음으로 경남 -8.7%, 충북 -6.1%, 경북 -5.9%를 기록했다. 전반적인 하락세 중에서 아파트 가격이 상승한 지역도 있었다. 대표적으로 광주 3.5%, 대구 3.2%, 대전 2.5% 등이다. 지방은 과거 대비 하락 지역이 확대되고 상승폭이 축소되는 경향을 보였다.

부동산 가격이 단기간 폭등한 이유

이솝 우화 〈양치기 소년〉을 모르는 사람은 없을 것이다. 평소 거짓말을 하다가 사람들의 신뢰를 잃어 결국 모든 양을 늑대에게 잃게 되는 이야기다.

어느 날 밤 7살 된 둘째 아이 해든이가 이 이야기를 듣다가 나에게 물었다. "아빠, 그런데 양은 누구 꺼야?" 거짓말하면 안 된다는 교훈으로 쉽게 끝날 이야기였는데 아이의 질문에 머리가 살짝 복잡해졌다. 양치기 소년은 혼나고 끝났을 테지만, 마을 사람들은 재산의 상당 부분을 잃어버렸다. 만약 원인을 제대로 파악했더라면 지킬 수 있던 재산이었다.

양치기 소년이 거짓말한 이유가 뭘까. 심심해서, 또는 '왜 나같이 어린 아이에게 양을 맡기냐' 하는 불만 때문일 수도 있겠다. 무엇이 되었든 거짓말의 이유를 파악했다면 마을사람들은 절대 양을 늑대에게 잃지 않았을 것이다. '모든 일은 정확한 원인을 알아야 한다'는 현대적(?) 새 교훈을 얻어낼 수 있었다. 원인을 정확히 알아야 재산을 잃지 않을 수 있다.

특별한 수요와 공급이 만나 가격을 움직인다

단기간에 서울 아파트 가격이 폭등한 이유가 뭘까? 일반적으로 재화 가격이 오르는 이유는 세 가지다. 수요가 증가하거나 공급이 감소하거나 또는 두 상황이 동시에 나타날 때 오른다. 부동산 시장도 마찬가지다. 주택 수요가 증가하거나 주택 공급이 감소하면 가격이 오른다. 그렇다면 단기 가격에 영향을 미치는 수요와 공급에 대해 고민할 필요가 있다.

수요와 공급을 이야기하기 전에 단기와 장기에 대해 다시 한 번 생각해야 한다. 부동산 투자에서 이야기하는 집값은 단기 가격인가 아니면 장기 가격인가? 단기와 장기를 구분하는 기준은 무엇인가? (미시)경제학에서 단기와 장기에 대한 구분은 명확하다. 단기는 생산과정에서 최소한 하나 이상의 생산요소 수량이 고정되어 있는 기간을 말한다. 반면 장기는 모든 생산요소가 변하는 기간이다.

이러한 기준에 의하면 부동산 투자에서 고려해야 할 기간은 단기다. 주택을 건설하는 데는 오랜 시간이 걸리고 그에 반해 가격은 항상 변하기 때문이다. 전문가들은 종종 "주택허가가 지속 감소하고 있기 때문에 집값은 지속 상승한다"고 주장한다. 또는 "가구수 증가에 따른 수요 확대로 장기적으로는 가격이 계속 오를 수 있다"고 말한다. 그러나 모든 생산요소가 변할 수 있는 장기전망으로는 투자를 결정할 수 없다. 주택 가격은 단기로 움직이기 때문이다.

경제학에서 '장기'는 불확실성이 크다. 장기 전망이 대부분 관념적, 사변적으로 흐르는 이유다. '장기는 잘 모르겠으니 생산성 높이고 열심히 잘살자'라는 결론이 대부분이다. 유명한 경제학자 케인즈는 "장기적으로 우리는 모두 죽는다(In the long run we are all dead)"고 말했다. 유명 경제학자조차 장기는 잘 모르겠다고 솔직하게 고백했다. 부동산 투자에서 주목하는 건 단기 가격이다. 장기 가격을 운운하는 전문가들은 피해야 한다. 자, 이제 본격적으로 최근 몇 년간 한국 집값이 빠르게 상승한 이유를 파악해보자.

집값 변동 원인을 찾기 위해서 우선 가격과 거래량의 관계를 통해 수요와 공급이 어떻게 변화해왔는지 검토해야 한다. 한국 부동산 시장에서 실거래가가 신고되고 통계치가 작성되기 시작한 것은 2006년부터다. 2006년부터 2018년 현재까지 서울 아파트 가격의 연간 변동률을 보면 2007년 하락, 2008년 하락, 2009년 상승, 2010년 하락, 2011년 하락, 2012년 하락, 2013년 상승, 2014년 상승, 2015년 상승, 2016년 상승, 2017년 상승, 2018년 상승을 기록했다. 기간은 달랐지만 상승과 하락을 반복한 것으로 조사된다.

반면 거래량을 보면 2007년 감소, 2008년 감소, 2009년 증가, 2010년 감소, 2011년 증가, 2012년 감소, 2013년 증가, 2014년 증가, 2015년

서울 아파트 거래가격과 거래량 변화 및 변동원인

	가격	거래량	변동원인
2007년	하락	감소	수요 감소
2008년	하락	감소	수요 감소
2009년	상승	증가	수요 증가
2010년	하락	감소	수요 감소
2011년	하락	증가	공급 증가
2012년	하락	감소	수요 감소
2013년	상승	증가	수요 증가
2014년	상승	증가	수요 증가
2015년	상승	증가	수요 증가
2016년	상승	감소	공급 감소
2017년	상승	감소	공급 감소
2018년	상승	감소	공급 감소

자료: 국토교통부, 부동산114, 미래에셋대우 리서치센터

증가, 2016년 감소, 2017년 감소, 2018년 감소로 조사된다. 거래량 또한 기간이 상이하긴 하지만 증가와 감소를 반복했다.

가격과 거래량이 조사되었기 때문에 이제 가격과 거래량의 변동 원인을 구별해낼 수 있다. 예를 들어 가격이 상승하고 거래량이 증가했다면 수요 증가가 변동원인이다. 이런 방식으로 구별해 보면 2007년은 가격이 하락하고 거래량이 감소했기 때문에 수요 감소가 변동 원인이다. 2008년 수요 감소, 2009년 수요 증가, 2010년 수요 감소가 시장을 변화시킨 요인이었다.

반면 2011년은 가격이 떨어지고 거래량이 증가했기 때문에 시장 변동 요인은 공급 증가다. 2012년은 수요 감소, 2013년 수요 증가, 2014년 수

요 증가, 2015년 수요 증가, 2016년 공급 감소, 2017년 공급 감소, 2018년 공급 감소로 변동 요인을 구분할 수 있다. 이렇게 장황하게 과거 변동 요인을 살펴본 이유는 독자들이 이를 읽으면서 어떤 문제점을 파악하길 원했기 때문이다. 어떤 문제점 혹은 이상한 점을 발견하였는가?

일반적으로 주택수요는 인구나 가구수 혹은 소득이라고 생각한다. 인구가 증가하거나 가구수가 확대되면 주택수요가 증가하는 게 당연하다. 2006년부터 서울 주택 시장 변동요인 중 가격이 상승하고 거래량이 증가하는 이유는 수요 증가였다. 그런데 이상한 점이 있다. 일반적으로 생각하는 주택수요 원인인 인구나 가구수 혹은 주택 구입 여력을 증가시키는 통상 소득은 추세적인 성격을 가지고 있다. 즉 한 번 추세를 가지면 계속 이어진다는 것이다.

가구수나 임금이 증가하다가 2~3년 만에 갑자기 줄어드는 건 재앙급의 엄청난 이벤트가 없으면 불가능에 가까운 일이다. 그럼에도 불구하고 한국 주택 시장 변동 요인을 꼼꼼히 살펴보면 수요가 갑자기 변하는 경우를 볼 수 있다. 예를 들면 2009년에는 수요가 증가해서 주택 가격이 상승하고 거래량이 증가했는데, 1년 만인 2010년에는 주택수요가 갑자기 감소하면서 가격이 하락하고 거래량이 떨어졌다. 여러분은 어떻게 생각하는가? 2~3년 만에 주택수요에 영향에 미치는 인구, 가구, 소득이 갑자기 바뀐 걸까?

주택공급도 마찬가지다. 일반적으로 주택공급은 주택 허가, 신규 아파트 분양 그리고 입주를 통한 아파트의 총량이라고 생각한다. 그러나 공급이 원인이 되어 주택 가격과 거래량이 변동된 시점과 주택분양 및 입주물량 증감은 다르다. 최근 2016년부터 2018년까지 가격 상승과 거래량 감소의 이유는 공급이 감소했기 때문이다. 그러나 일반적으로 생각하는 공급(분양물량, 입주물량) 총량은 지속 증가했다. 심지어 아파트 재고수를 직접적으로 늘리는 입주 아파트는 지속 증가했다. 결국 단기간 주택 시장에 미치는 수요와 공급은 우리가 일반적으로 생각하는 수요와 공급이 아닐 수 있다. 그렇다면 어떤 수요와 공급이 단기 가격 변동에 영향을 미치는가?

심리에 따라 움직이는 투기수요

주택수요는 일반적으로 인구, 가구, 소득에 따라 달라질 수 있다. 그러나 모두 단기 가격에 직접적으로 영향을 미치는 요소는 아니다. 우선 단기 가격변동에 영향을 미칠 수 있는 수요를 나눌 필요가 있다. 바로 실수요와 투기수요다. 수요자를 실수요와 투기수요로 나누는 이유는 가격에 대한 반응이 다르기 때문이다. 실수요는 가격이 오르면 수요량이 감소한다. 그러나 투기수요는 가격보다는 기대감에 따라 수요량을 변화시킨다. 즉 가격 상승 기대감이 커지면 수요량이 증가한다. 반대로 가격이 떨어지면 실수요가 증가하지만 가격하락 우려가 커지면서 투기수요는 감소할 수 있다.

문제는 주택 시장의 가격 변동성을 키우는 수요는 실수요보다 투기수요라는 점이다. 그렇다면 투기수요자들은 어떤 원인으로 수요를 변동시키는가? 투기수요 변동에서 가장 중요하게 영향을 미치는 요인은 심리다. 2018년 박원순 시장이 싱가포르에서 용산·여의도 통합 개발을 거론했다. 갑자기 용산과 여의도 아파트 가격이 상승하고 거래량이 증가했다. 개발 이슈가 투자 심리를 움직였고 투기수요 증가로 이어졌다.

몇 달 사이 실수요가 갑자기 증가할 수 없다. 그리고 투기수요 역시 심리가 아니면 급격하게 증가할 수 없다. 결국 단기 주택수요에 직접적으로 영향을 미치는 가장 중요한 요소는 심리라는 말이다. 인구나 가구, 소득 등이 주택수요에 영향을 주는 것은 분명하나, 단기 가격 변동에는 큰 영향을 주지 못한다. 반면 심리는 항상 변화하면서 주택수요에 영향을 미친다.

우선 2018년 주택수요를 확대시킨 심리는 주택 가격 상승에 대한 강한 믿음, 정부 정책에 대한 불신이었다. 2013년부터 이어진 지속적인 가격 상승은 '오늘 집값이 제일 싸다'는 말처럼 심리를 부축이며 수요를 끌어당기는 역할을 했다.

무주택자의 경우 꾸준히 이어지는 주택 가격 상승을 보며 상실감이 커져갔다. 그 중에서도 자금 여력을 가지고 있는 사람들은 기회를 잃어버렸다고 생각했을 것이다. 살 기회가 많았는데 놓친 것을 스스로 손실로 생각했을 가능성이 크다.

카너먼과 트버스키의 논문에서 재미있는 사례가 나온다. 경마장 베팅

조사에 따르면 롱샷(Long Shot, 우승 가능성이 거의 없는 말)에 대한 배당률이 마지막 경기에서 크게 떨어진다. 즉 마지막 경기에서 더 많은 사람들이 이길 가능성이 가장 낮은 말에 베팅을 하는 것이다. 통계로 보면 경마장에서 전체 자금 중 17%의 돈을 날리게 된다. 그래서 대부분 사람들은 마지막 경주 전까지 돈을 잃는다. 돈을 잃은 사람들이 마지막 경기에서 우승 확률이 낮은 말에 더 많은 베팅을 한다. 즉 손실 상황에서 위험을 추구하는 경향이 커지는 것이다. 이는 '사람은 확실한 상황을 더 선호한다'는 상식에 반대되는 결과다.

기회비용을 큰 손실이라 생각한 무주택자들은 위험 선호도가 커지고 오히려 높은 가격에 거래했을 가능성이 크다. 재미있는 건 2018년 서울 아파트 거래량이 가장 많이 증가한 시기는 9월이었다. 9월은 정부가 9.13 대책을 통해 보유세를 높이고 대출 규제를 강화한 달이었다. 그런데 많은 사람들이 역설적으로 높은 가격에 아파트를 더 많이 샀다. 마치 경마장에서 마지막 경주에 우승 확률 낮은 말에 베팅하듯 무주택자들이 정부 규제 시행 전에 아파트를 사들인 것이다.

1주택자들이 추가적으로 주택 구매에 나선 것도 주목할 만한 부분이다. 주택을 보유하고 있는 사람들은 주택 가격 상승으로 돈을 벌었다고 생각한다. 그러나 그 돈은 실제 돈이라고 생각하지 않는다. 새롭게 마련한 투자자금이라고 생각한다. 자기 집의 가격이 상승할 때 주택을 한 채 더 사게 되는 심리가 생기는 이유다. 2017년 주택소유 통계자료를 보면 1주택 소유자가 집을 더 사 2주택 이상 보유하게 된 다주택자 수가 증가했다.

또 다른 문제는 집값 상승에 기여했던 수요 증가가 미래의 희망에 기반을 두지 않았다는 점이다. 사실 우리는 대부분 희망적인 눈으로 세상을 바라보지 않는다. 대부분 과도한 걱정이나 우려로 세상을 바라본다. 경제 불확실성과 저성장 우려가 커지면서 사람들이 역설적으로 주택 구매를 늘렸다. 최근 주택 비율이 가장 많이 증가한 세대는 60대 이상, 즉 보수적 성향을 띠고 현금 흐름이 상대적으로 취약한 세대다. 이들이 환금성이 좋으며 과거부터 꾸준히 상승해온 아파트에 투자한 것이다. 미래가 부정적이고 불확실할수록 사람들은 과거 지향적이 된다.

정부는 2018년 9월 이후 투기과열지구 내에서 3억 원 이상 주택을 구입할 경우 주택취득자금조달계획서 제출을 의무화했다. 집을 사는 사람은 자금조달 계획과 함께 본인이 입주할지, 가족이 입주할지 또는 임대할지 등을 기입해 국토부나 지자체에 계약 체결일로부터 60일 내 제출해야 한다.

2017년 10월부터 2018년 9월까지 12개월간 제출된 자금조달계획서(계약일 기준)는 12만 4,684건이다. 이 중 '구입 후 임대' 목적으로 주택을 구입한 건수는 5만 3,052건(42.5%)이었다. 매수인이 직접 거주할 목적으로 집을 사는 경우는 6만 4,948건(52.1%)으로 조사된다. 나머지는 가족 등이 입주하는 경우였다.

결국 10명 중 4명 이상이 거주 목적이 아닌 '갭투자'나 '임대사업' 등을 목적으로 집을 사들인 것이다. 구입 후 임대 목적으로 주택을 구입한 비

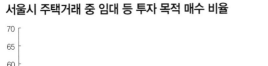

서울시 주택거래 중 임대 등 투자 목적 매수 비율

(단위: %)

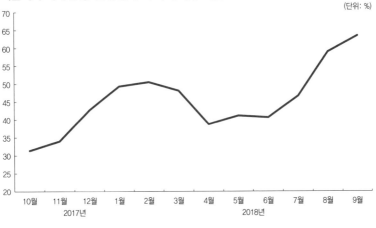

자료: 국토교통부, 미래에셋대우 리서치센터

중은 집계 첫 달인 2017년 10월 이후 2018년 2월까지 상승폭을 키웠다. 자세히 살펴보면 2017년 10월 31.4%에서 11월 34.0%, 12월 42.7%로 높아졌고 2018년에도 1월 49.3%에 이어 2월에는 50.6%까지 상승했다. 3월에 48.0%로 상승세가 꺾여 4월에는 38.7%로 줄었으나 5월부터 다시 상승하여 8월 58.9%에 이어 9월에는 63.4%에 달했다.

반면 자신이 살기 위해 주택을 구입하는 비중은 2018년 8~9월 동안 절반 가까이 줄었다. 2017년 10월 61.6%였던 '자기 입주' 목적 주택 구입자는 2018년 2월 44.3%까지 낮아졌다가 4~6월에 50%대를 회복했으나 7월부터 꺾여 8월에는 35.6%로 가장 낮은 수치를 기록했다.

정부가 실수요자를 보호하고 투기수요를 막기 위해 아홉 차례나 규제 및 공급책을 쏟아냈지만 시장 참여자들은 아랑곳 않고 임대나 투자·투기 목적으로 '집 사들이기'를 계속했다. 서울시 25개구 중 구입 후 임대 비중은 용산구가 70.4%로 가장 높았다. 이는 박원순 서울시장의 '서울역 ~용산역 지하화' 발표 이후 투자 및 투기수요가 집중된 결과로 보인다. 이어 금천구(59.7%), 성동구(53.0%), 강남구(50.5%), 중구(50.2%) 등에서 구입 후 임대 목적으로 주택을 사들인 경우가 절반을 넘었다. 서울 외 지역 중에서는 경기 성남시 분당구가 11개월 동안 보증금을 안고 주택을 사들인 뒤 임대한 비율이 70.8%에 달했다.

아직도 실수요가 집값을 움직인다고 믿는가? 자금조달계획서는 한국 아파트 가격을 좌우하는 게 투기수요란 사실을 여실히 보여주고 있다. 그렇다면 투기수요를 움직이는 건 무엇인가? 바로 투자 심리다. 심리 변화에 따라 가격 변동폭이 커질 수 있다. 문제를 바로 봐야 문제 해결도 예측도, 그리고 투자도 가능하다.

투기공급이 가격 변동폭 키운다

공급이 증가하면 가격이 하락하고 공급이 감소하면 가격은 상승한다. 쉽고 간단하다. 주택 시장도 똑같다. 주택공급이 증가하면 집값이 빠지고 공급이 감소하면 오른다. 그런데 여기서 의미하는 주택공급을 명확하게 규정할 필요가 있다.

흔히들 말하는 주택공급은 신축 주택을 뜻한다. 또한 새롭게 짓는 아파트를 포함하여 현재 존재하는 전체 주택 양을 공급으로 규정하기도 한다. 그러나 엄밀히 말해서 단기 주택 가격에 영향을 미치는 주택공급은 새로 짓는 주택 혹은 전체 주택 양이 아니다.

주택 가격이 오를 때마다 언론과 전문가들은 쉽게 공급부족에서 원인을 찾는다. 아파트가 부족해서 아파트 가격이 오르고 있다는 논리다. 따라서 '집값을 낮추는 유일한 방법은 주택공급(신축) 확대'라는 주장이다. 그러나 어떤 공급이 부족한지 엄밀히 판단할 필요가 없다. 유사한 사례로 유가가 변동하는 이유를 보면 이해하기 쉽다.

2017년 국제 유가가 급격하게 상승했다. 유가가 올랐던 이유는 사우디아라비아의 석유 매장량이 감소했기 때문이 아니다. 사우디아라비아를 중심으로 산유국들이 가격 하락에 대응해 생산량을 줄였기 때문이다. 이처럼 단기 재화가격에 영향을 미치는 건 총량(매장량)이 아니라 매도 물량(산출량)이다. 주택 시장도 마찬가지다.

주택 가격에 직접 영향을 미치는 공급은 매도의사가 없는 주택을 제외한 물량이다. 즉 주택 가격과 직결된 공급은 팔기 위해 시장에 내놓는 주택의 양이다. 기존 주택 보유자의 매도 물량이 주택 가격 변화에 영향을 준다. 이러한 기존 주택 보유자 매도 주택을 투기공급이라고 지칭하고자 한다. 독특한 특성을 따로 규정할 필요가 있기 때문이다.

그렇다면 2018년 가격 상승의 원인을 다른 측면에서 분석할 필요가 있다. 즉 공급이 감소하면서 집값이 가파르게 상승했다는 것이다. 여기서 공급 감소는 바로 투기공급(매도물량)의 감소였다.

그렇다면 왜 집을 가지고 있는 사람들이 집을 팔지 않았을까? 우선 금리가 낮았기 때문이다. 주택 투자자들은 대부분 대출을 통해 집을 매입한다. 따라서 낮은 금리는 집을 보유하는 데 따른 부담을 줄였다. 높은 전세가격도 매도 물량을 감소시킨 이유 중 하나다. 지속적인 전세 가격 상승으로 다주택자들은 투자자금과 비용을 줄일 수 있었다. 한국은 전 세계에서 가장 낮은 비율의 보유세를 유지하고 있었다. 고가 주택이나 주택을 여러 채 보유하기 좋은 여건이다. 낮은 세금 또한 다주택자가 매물을 감소시킨 이유다.

2018년 들어서면서 급속하게 증가한 임대사업자도 시장에 매도 물량을 줄인 결과를 가져왔다. 임대사업자 등록은 정부가 임대시장 안정화를 위해 도입한 정책이다. 그러나 임대사업자에 대한 혜택 확대는 주택 투자에 유리한 환경을 조성해 주었다. 정부는 정책적으로 다주택자로 하여금 임대주택사업자로 등록하게 하고 각종 세제 혜택을 주었다. 임대 주택공급을 늘려서 전월세 가격을 안정시키려는 의도였다.

그러나 임대사업자 등록을 통해 다주택자가 정부의 투기 억제책을 회피하는 수단으로 사용할 수 있다는 것이 문제였다. 정부가 주택 투기 억제를 위해 도입하는 제도는 대부분 양도세, 보유세 등 세금 강화다. 그러나 다주택자나 투기수요자는 임대사업자 등록을 통해 합법적으로 세금을 줄이고 회피할 수 있게 되었다.

임대사업자 등록에 따른 혜택은 투기수요를 부추길 뿐만 아니라 결정적으로 8년 동안 임대주택을 팔지 못하게 하는 제약으로 인해 매도 공급물량을 크게 줄이는 효과까지 나타나게 했다. 결국 임대사업자 등록에 따른 혜택에 따라 매도 물량이 줄어들고 단기 가격 상승의 원인이 되었다.

이런 상황에서 주택 가격이 지속 상승할 것이라는 기대감 역시 매도 물량을 줄였다. 주택 가격상승시기에 다주택자들은 자기 실현적 예측(Self-fulfilling Prophecy)이 강화된다. 자기 자신의 예언으로 집값이 올랐고, 성과가 좋았으며 앞으로도 지속된다는 확고한 믿음이 생긴다. 결국 추가적인 가격 상승 기대감이 큰 상황에서 집을 팔 이유가 없었다.

주택 매도자 담합이 집값 상승 결정적 원인

공급 측면에서 2018년 아파트 가격 폭등의 주요 원인인 담합에 대해 꼭 알아야 한다. 대표적 담합 행위로 주택 보유자들은 서로 카페나 카톡을 통해 집값을 조율했다. 이후 거래 의사와 상관없이 호가를 높이고 허위 거래를 통해 시장을 교란시켰다. 거래량이 급격히 감소하는 상황에서 집값 담합은 거래 가격을 올리는 강력한 효과를 발휘했다. 감정원은 온라인 게시판, 소셜미디어, 아파트 게시판, 현수막을 통한 가격담합 및 조장행위, 부동산 매물사이트 및 거래신고제도를 악용해 개업공인중개사의 업무를 방해하는 행위, 가격 담합을 목적으로 공인중개사를 겨냥하여 집단 항의해 영업을 방해하는 행위 등을 담합행위라고 발표했다.

매도자가 무리하게 호가를 올리면 집값 상승의 원인이 될 수 있는가? 답은 당연히 'Yes'다. 이유는 앵커링(닻내림) 효과 때문이다. 행동경제학자인 댄 에이리얼의 재미있는 실험을 보자. 실험 참가자에게 물건을 보여주고 어떤 가격에 팔지 묻는다. 그리고 가격을 쓰게 한다. 이후 물건을 경매에 내걸면 100원을 쓴 사람보다 1,000원을 쓴 사람이 높은 가격에 입찰하는 경향이 뚜렷하게 나타난다. 이것이 바로 심리적 편향의 하나인 닻을 내려 배를 정박시키는 효과다.

사람은 무의식 중에 확실하고 특정한 정보에 이끌린다. 10억 원에 거래되었던 아파트를 갑자기 의도적으로 13억 원에 호가를 내면 꼭 팔고 싶은 사람도 10억 원보다 13억 원에 가깝게 매도가격을 제시한다. 비단 매도자뿐 아니라 매수자도 10억 원보다 13억 원에 닻을 내리고 13억 원보다 가격이 조금 낮아도 싸게 생각한다. 카톡, 인터넷 카페 등의 사용이 활발해지면서 집을 보유한 사람들의 소통이 원활해졌다. 가격 담합이 가능해졌고 심리적 편향이 함께 어우러지며 집값 상승의 중요한 이유가 되었다.

미래를 이야기하기 위해서는 현실을 철저히 파악하고 분석해야 한다. 현재를 정확히 아는 것은 미래를 전망하기 위해 가장 중요한 출발점이다. 미래를 맞히기는 힘들다.

가격이 오를 때 수요가 증가하는 현상은 실수요보다 투기수요일 가능성이 크다. 특히 저금리와 대출이 자유로운 상황에서 투기수요 증가는 필연적 과정이었다. 빚내서 집 사라는 말에 충실했던 사람들은 대출을 일으켜 주택 구입에 뛰어들었다. 최근 3년간 주택담보대출은 100조 원이 증가했다. 속도 측면에서 과거 대비 놀랄 만한 수준이다.

투기수요가 증가하는 상황에서 투기공급이 줄어들었다. 떨어진 금리, 낮은 보유세, 높아지는 전세금, 임대사업자 혜택 확대와 주택 가격 상승에 대한 기대감이 높아지면서 집을 보유한 사람들이 아파트를 팔지 않았다. 수요 증가와 공급 감소가 동시에 작용하면서 아파트 가격을 빠르게 상승시켰다. 결국 가격 급등 원인은 여기에 있었다. 원인을 정확히 파악해야 전망이 가능하다. 그렇다면 향후 투기수요와 투기공급의 향방은 어떨까? 부동산 시장을 전망하면서 가장 중요한 질문이다.

변화의 징후들

《과학혁명의 구조》로 유명한 토머스 쿤은 패러다임 발견에 대해 유명한 말을 남겼다. "새로운 발견이란 예외를 인식하는 것이다." 그는 발견이란 이상(異常, Anomaly)의 지각과 더불어 시작된다고 강조했다. 토머스 쿤의 말은 비단 과학뿐만 아니라 사회, 투자 세계에서도 충분히 새겨들어야 하는 교훈이다. 예외적인 현상들에 대해 관심을 가지는 이유다.

과거와 다르게 벌어지는 일들은 새로운 변화를 일으키는 중요한 원인이 될 수 있다. 아주 사소한 것일수록 영향이 더 커질 가능성이 크다. 왜냐하면 사소한 문제일수록 사람들이 관심을 갖지 않기 때문이다. 결국 성공 투자를 위해서는 사소한 이상을 발견하는 것이 중요하다.

이례적인 거래량 감소는 위험 신호

부동산 시장을 판단함에 있어서도 마찬가지다. 사소한 이상에 대한 발견이 중요하다. 이러한 관점에서 2019년 한국 부동산 시장에서 일어나고 있는 예외적인 현상들에 대해서 주목해야 한다. 우선 거래량 감소다. 사람들은 거래량을 쉽게 생각한다. '사람들이 안 사서 줄어들었겠지', '사람들이 안 팔아서 줄어들었겠지'라고 단순화해 문제의식을 갖지 않는다.

그러나 부동산 시장에서 가장 주의를 기울여야 하는 것은 거래량이다. 거래량은 유동성 문제고 유동성은 투자의 핵심이기 때문이다. 최근 거래량이 감소한 이유는 분명하다. 가격 상승과 대출 규제로 주택 소비가 감소하고 있기 때문이다. 가격이 크게 상승하면서 수요량이 감소했고 대출 규제가 강화되면서 수요가 줄어들고 있다.

서울 아파트를 중심으로 거래건수가 크게 감소하고 있는 상황이다. 한국감정원에 따르면 2018년 11월 서울 아파트 매매는 3,736호가 거래되어 기록하여 2013년 8월 이후 최저치를 기록했다. 이러한 감소세는 12월을 거쳐 2019년 초까지 이어졌다. 서울시 자료에 따르면 12월 서울 아파트 매매 거래량은 2,305건, 1월 1,877건, 2월은 1,488건으로 2006년 실거래가 조사 이후 2월 거래량으로는 역대 최저치를 기록했다.

여기서 잠깐 수요량 증감과 수요 변화의 차이점에 대해 살펴볼 필요가 있다. 일반적인 재화의 경우 가격이 상승하면 수요량이 감소한다. 반대로 가격이 하락하면 수요량이 증가한다. 그러나 주택 시장은 독특하게 가격

서울 아파트 매매 거래량 추이

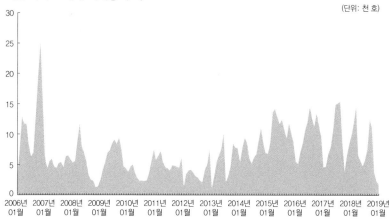

(단위: 천 호)

2006년 01월 · 2007년 01월 · 2008년 01월 · 2009년 01월 · 2010년 01월 · 2011년 01월 · 2012년 01월 · 2013년 01월 · 2014년 01월 · 2015년 01월 · 2016년 01월 · 2017년 01월 · 2018년 01월 · 2019년 01월

자료: 국토교통부, 부동산114, 미래에셋대우 리서치센터

이 상승하면 수요량이 반대로 증가할 수도 있다. 투자와 투기수요가 있기 때문이다.

　재화의 경우 소비를 넘어 투자로 인식될 경우 가격이 상승할수록 수요량은 증가할 수 있다. 가격 상승이 투자에서는 좋은 신호로 인식될 수 있기 때문이다. 투자에서 가격 상승은 대부분 긍정적인 시그널로 작용한다. 사람들의 관심이 증가하고 있으며 추가적인 가격 상승에 대한 기대감이 커지기 때문이다. 따라서 가격이 상승할수록 수요량이 증가하는 게 가능하다.

　반면 수요 변화는 수요량 변화와 다르다. 수요량 변화와 달리 고정적인 변화 흐름을 가지고 있다. 수요 변화는 가격 이외의 요인에 따라서 바뀌는 걸 말한다. 부동산 수요 변화에 영향을 미치는 요소는 소득, 인구,

가구수, 대출, 금리 등이 있다. 즉 소득이 증가하면 수요가 확대되고 인구가 증가하면 당연히 수요가 늘어난다. 대출이 증가하는데 수요가 감소하는 경우는 거의 발견되지 않는다. 이렇게 구분하면 단기 거래량과 가격에 영향을 크게 주는 요소는 수요보다 수요량 변화다. 즉 가격 변화에 따라서 수요량이 어떻게 변화하느냐가 중요하다.

단기적인 거래량 감소는 수요량 감소가 원인일 가능성이 크다. 앞서 가격이 상승할 때 주택의 수요량이 증가할 수 있음을 설명했다. 투기수요이기 때문이다. 그런데 최근 수요량이 감소하고 있다. 이는 시장을 움직이는 수요가 투기(투자)에서 실수요로 바뀌고 있다는 것을 의미한다.

다시 한 번 강조하자면 주거 목적으로 주택을 구매하는 수요자는 과거와 현재 가격이 중요하다. 내가 지금 구매하는 시점의 가격이 어느 정도 수준이냐가 구매에 영향을 미치기 때문이다. 반면 집을 투자대상으로 보면 과거나 현재 가격이 큰 의미가 없고 앞으로의 가격 변화가 중요하다. 이렇게 수요 형태별로 가격에 대응하는 방법이 달라진다.

수요자가 바라보는 주택은 소비대상이 됨과 동시에 투자대상이 될 수 있다. 주택수요는 성질의 가변성이 있다는 말이다. 쉽게 말해 주택을 소비대상으로 본다면 집값이 상승할 때 기회비용이 상승하게 되어 소비를 감소시킨다. 반면 집을 투자대상으로 보기 시작하면 집값이 오를 수록 가격상승에 대한 기대감이 높아져 수요를 증가시킨다.

수요가 줄어들면서 이뤄지는 거래량 감소는 시장을 움직이는 수요가 투자에서 실수요로 바뀌고 있다는 것을 의미한다. 2019년 상황이 그렇다. 부동산 시장에서 중대한 변화가 일어나고 있는 것이다. 수요가 실수요로 바뀌면 수요 변화로 인해 가격 상승이 어려워진다.

　주택수요가 급격하게 투자에서 실수요로 바뀌면서 소비를 감소시키고 있다. 거래량이 급감한 이유다. 높은 가격대에 집을 살 수 있는 실수요자는 과거보다 감소할 수밖에 없기 때문이다. 이런 상황에서 매물이 증가하면 가격이 하락하면서 거래량은 다시 증가할 수 있다. 변화 과정은 이후 다시 언급하기로 한다. 중요한 건 2018년 말부터 이어진 거래량 감소는 수요가 투자에서 실수요로 바뀌고 있다는 의미란 사실이다. 투자자와 실수요자는 따로 구분되어 있지 않다. 투자자는 언제든지 실수요자로 바뀌고 실수요자는 상황에 따라 투자자로 바뀐다. 아파트 시장을 움직이는 독특한 수요 구조다.

전세가 하락은 위험을 가중시킬 수 있다

　한국 부동산 시장은 다른 나라에 없는 독특한 제도를 가지고 있다. 바로 전세다. 일반적으로 주택 구입은 은행 등에서 신용을 기반으로 한 대출로 이루어진다. 예를 들어 미국에서는 대부분 금융권(은행, 보험) 모기지를 사용해 주택을 구입한다. 개인 신용에 따라서 대출의 양이 달라진다. 그러나 한국에서는 전세 제도를 통해 사적 대출이 가능하다. 신용이나 현금 흐름 창출 능력이 없어도 일정액의 현금을 가지고 있다면 전

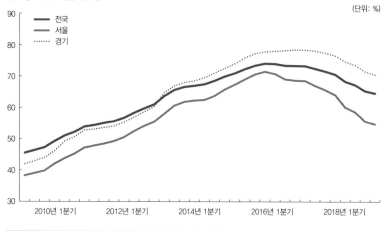

전세/매매 비율 변화

(단위: %)

- 전국
- 서울
- 경기

자료: 부동산114, 미래에셋대우 리서치센터

세라는 사적 대출을 통해 주택을 손쉽게 구입할 수 있다. 우리나라에서 전세금까지 고려한 주택대출을 계산하면 대부분의 투자용 주택이 빚으로 이루어져 있다. 전세/매매 비율이 70%라고 하면 LTV(Loan To Value) 70%라는 의미일 수 있다.

시장이 호황일 때 전세는 투자자에게 강력한 레버리지를 제공한다. 왜냐하면 전세 제도를 통해 통제되지 않는 사적 대출이 이루어지기 때문이다. 즉 개인이나 가계 신용도와 현금창출에 대한 고려 없이 전세를 통한 주택구입대금 마련이 가능하다.

2013년부터 2017년까지 현황을 살펴보자. 2013년부터 전세가가 빠르게 상승한다. 부동산114 통계를 기준으로 전국 전세/매매 비율을 살펴보면 2013년 65.6%, 2014년 68.6%, 2015년 73.5%, 2016년 73.4%, 2017년

70.6%를 기록한다. 70%가 넘는 전세/매매 비율은 통계가 작성된 이후 최대수치였다. 쉽게 말해 2016년에는 10억 원 아파트를 사는 데 내 돈이 2억 7,000만 원 정도 필요했다는 말이다. LTV 70% 넘게 대출이 가능한 나라는 흔치 않다.

전세 가격 상승은 두 가지 측면에서 아파트 투자자에게 유리한 환경을 조성한다. 전세를 이용하면 직접 투자자금이 적어져 다수의 주택을 살 수 있다. 또한 레버리지를 통해 향후 투자 수익률을 높게 만든다. 따라서 전세가가 상승할수록 투기수요는 증가하게 된다. 그러나 전세가가 하락하게 되면 상황은 달라진다.

전세가 하락은 상승과 반대로 투기수요를 감소시킨다. 전세가가 하락하면 투자로 주택을 구입할 수 있는 절대 수요를 줄인다. 10억 원 아파트의 전세가가 7억 원일 때는 3억 원 이상의 현금을 가진 사람이 집을 살 수 있다. 그러나 전세가가 6억 원으로 하락하면 이제부터 4억 원 이상의 자금 동원력이 있는 투자자들만이 주택을 구매할 수 있다. 자산 구조상 3억 원 이상 투자 가능한 사람보다 4억 원 이상 투자 가능한 사람들이 훨씬 적은 것은 자명한 사실이다. 따라서 전세가 하락은 자연스럽게 잠재 투기수요를 억누른다.

전세가 하락은 투기수요 감소뿐만 아니라 투자 공급을 늘게 하는 요인이 될 수 있다. 2017년 기준 서울의 자가보유율은 42.9%로 전국 평균 57.7%에 비해 14.8% 포인트나 낮다. 자가보유율이 낮다는 것은 서울에 거주가 아닌 투자목적으로 보유한 아파트가 많다는 것을 의미한다.

반면 이러한 투자 목적의 수많은 집들은 전세를 통한 사적 대출로 이루어져 있다. 이 상황에서 전세가가 하락하면 전세 차액을 보유 현금으로 반환해야 한다. 그러나 다주택자의 경우 주택담보대출이 거의 불가능하기 때문에 집을 매도해 전세 차액을 보전해야 하는 경우가 생길 수 있다. 그렇지 않다면 살고 있는 집을 팔고 전세를 준 주택으로 이사가야 한다. 어떤 경우든 매도 물량이 증가할 수 있다.

즉 전세가가 상승하면 갭투자를 통해 추가적인 투자 주택을 구입할 수 있게 된다. 반대로 전세가가 하락하면 역 갭투자 현상이 발생하여 투자 주택을 팔아야 하는 경우가 많아진다. 전세가 하락이 주택매매 시장에 영향을 줄 수밖에 없는 이유다.

우리나라 2주택 이상 소유자 현황을 보면 2013년 59만 명에서 2017년 82만 명으로 매년 평균 8.7%씩 지속 증가했다. 전세가가 상승하면서 동시에 다주택자도 증가했다. 아파트 두 채에 번갈아 가면서 사는 사람은 없다고 가정하면 결국 전세가 상승으로 투기수요가 증가했다는 결론이다.

2018년 12월, 서울의 전세가 하락폭이 10년만에 최대치를 기록했다. 임대사업자들의 전세 매물이 증가하고 있고 송파구 헬리오시티 등 서울 내 입주 물량이 증가하고 있기 때문이다. 전세 시장은 철저히 실제 수요와 공급으로 이루어져 있다. 특히 수요의 경우 전세를 통한 투자나 투기가 불가능하기 때문이다. 결국 현재 수요가 감소하고 입주가 증가하면서 전세가가 지속 하락할 가능성이 높다.

전국기준으로 2017년부터 아파트 입주 물량이 증가하고 있다. 2017년 입주 물량은 38만 7,000가구로 2016년 대비 31% 증가했다. 2018년 입주 물량은 45만 4,000가구로 2000년 이후 최대치를 기록했다. 2019년에도 전국에서 38만 5,000가구가 집들이를 앞두고 있다. 서울은 과거 대비 물량은 줄어들었지만 증가추세다. 2018년 3만 6,000가구에서 2019년은 4만 3,000가구 입주가 예정되어 있다. 경기 입주 증가는 전국 평균대비 상당히 높은 수준이다. 2017년 12만 9,000가구, 2018년 16만 7,000가구가 입주했고 2019년 13만 9,000가구가 예정되어 있다.

입주증가에 따른 공급 증가로 전세가 하락이 이어질 가능성이 크다. 또한 주택 가격 급등으로 전세를 통한 아파트 투자도 쉽지 않은 상황이다. 전세시장 변화가 향후 아파트 가격에 영향을 줄 수밖에 없는 환경이 조성되고 있다. 2018년 말 기준 서울 아파트 전세/매매가격 비율은 55%로 급락했다. 경기지방도 70.5%를 기록하여 2006년 이후 처음 하락세를 보이고 있다. 작은 이상이 큰 변화를 만들 수 있다.

부산 해운대 아파트 가격 빠른 하락

거래량 감소와 전세가 하락이 부동산 가격 변화에 미치는 영향은 부산 사례를 통해 살펴볼 수 있다. 부산은 2008년 금융위기 이후부터 2013년 일시적인 위축을 제외하고는 2017년까지 장기간 주택 가격이 상

부산 아파트 가격, 거래량, 전세/매매 비율 변화

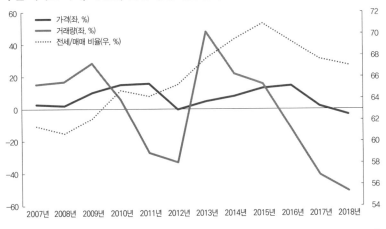

자료: 국토교통부, 부동산114, 미래에셋대우 리서치센터

승세를 보인 지역이다(통계치는 국토교통부와 부동산114 자료 기반). 특히 2015
년과 2016년에 아파트 가격이 급등했다. 실거래가 상승률이 연평균 14%
를 기록해 서울 상승률을 크게 초과했다. 당시 가격이 상승하면서 거래
량이 빠르게 감소했다. 2017년 부산 아파트 실거래량은 2만 9,747호를
기록해 2016년 대비 41% 감소했다.

이후 2017년부터 아파트 입주물량이 증가한다. 2017년 부산 아파트
입주 공급은 2만 438호로 2016년 대비 37% 증가하고 2018년 입주 물량
은 2만 4,011호로 2017년 대비 18% 증가했다. 입주 물량이 증가하면서
전세가 하락이 이어졌다. '가격 급등-거래량 감소-입주 증가-전세가 하
락' 이후 2017년 말부터 부산 아파트 가격이 본격적으로 하락했다. 2017
년 11월부터 2018년 11월까지 부산 아파트 거래가는 월별 증감 합산으

로 −5.19%를 기록했다. 가격 상승이 계속됐던 해운대 아파트는 대부분 2016년 가격으로 돌아간 상황이다. 미분양 아파트도 2013년 이후 처음으로 4,000가구 돌파가 예상된다.

부산 아파트 시장 변화과정을 보면 서울과 수도권도 비슷한 패턴을 보일 가능성이 크다. 가격이 급등하면서 수요가 투기에서 실수요로 전환되고 거래량이 줄어든다. 입주가 증가하면서 전세가는 하락하고 투기수요 감소와 투기공급(매물)이 증가하면서 가격 하락이 이어지는 흐름이다.

부산뿐 아니라 2017년 하반기부터 지방의 부동산 가격 하락세가 빨라지고 있다. 일부 지역을 제외하고 가격 하락이 이어지고 있다. 수도권에 살고 있으면 체감하기 힘들 수도 있으나 지방 주택 가격 하락은 심각해지고 있는 상황이다. 지방 부동산 시장 위축이 점점 심각해지면 수도권 시장에 부정적 영향을 줄 가능성이 있다. 과거 사례를 봐도 단지 시차의 문제였을 뿐 수도권과 지방의 양극화는 오래 가지 못했다.

수도권과 지방의 가격 격차뿐만 아니라 지방 상호 간도 상당한 차이를 보이고 있다. 특징적으로 부산과 울산은 가격 하락폭이 크게 확대된 반면 광주와 대구, 대전은 상승세를 보였다. 울산은 조선, 자동차 등 지역 중추 사업이 위축되면서 가격 하락의 원인이 되고 있다.

서울 부동산 경험치 못한 위기가 온다

PART 2

부동산 폭락,
가능한
시나리오인가?

2008년 서브프라임과 리먼브라더스 사태 이후 많은 경제학자들이 새로운 용어들을 만들어 내고 있다. 그 중에서 '뉴 노멀(New Normal)'이라는 단어가 있다. 2008년 전까지 전 세계는 장기간에 걸쳐 지속적인 경제성장을 경험했다. 그러나 예상치 못한 글로벌 금융위기를 경험한 후 사람들은 지속적인 경제성장에 대해 의구심을 갖기 시작한다. 저성장과 불확실성에 대한 우려가 시작되었다. 뉴 노멀은 미래에 대한 걱정을 의미한다. 성장이 지속됐던 과거 상태를 노멀이라고 부르고, 성장이 멈춘 새로운 시대와 기준을 뉴 노멀 시대라고 구분하여 부른다. 뉴 노멀의 특징은 저성장, 저물가, 저금리의 '3저'로 요약할 수 있다.

2013년 뉴욕대 누리엘 루비니(Nouriel Roubini) 교수는 "경제가 성장할 것이다 혹은 침체될 것이다라고 예측하는 것은 별 의미가 없다"고 하면서 뉴 애브노멀(New Abnormal)이라는 단어를 처음 사용했다. 그는 뉴 애브노멀 시대는 불확실성이 증폭되면서 미래에 대한 예측 자체가 의미가 없음을 강조했다. 따라서 그는 예측보다 구체적인 행동을 해야 한다고 말한다.

투자 전문가인 나심 니콜라스는 블랙 스완(Black Swan)이라는 단어를 통해 서브프라임 모기지 사태를 예언했다. 블랙스완 즉 검은 백조는 도저히 일어날 것 같지 않은 일이 일어나는 상황을 이야기한다. 그는 블랙 스완의 특징에 대해 "과거 경험을 통해 알 수 없는 일이 극심한 충격을 동반하여 발생하며 존재가 사실로 드러난 후에야 설명이 가능한 것"으로 설명하고 있다. 그와 함께 그레이 스완(Grey Swan)이라는 단어도 쓰이고 있다. 이는 문제는 알지만 해결책이 없는 상황'을 나타낸다.

최근 들어 회색 코뿔소(Grey Rhino)라는 단어도 자주 등장한다. 회색 코뿔소는 갑자기 발생한 것이 아니라 '지속적인 경고로 이미 알려져 있는 위험 신호를 무시하고 있다가 큰 위험에 빠진다'라는 의미에서 쓰이고 있다. 세계정책연구소 대표이사 미셸 부커가 2013년 1월 다보스포럼에서 처음 회색 코뿔소에 대해 언급했다. 코뿔소는 몸집이 크고 몰려 다녀서 멀리 있어도 눈에 잘 띄고 이동 흐름을 누구나 알 수 있다. 하지만 막상 코뿔소 떼가 달려오면 실제로 아무것도 하지 못하거나 대처방법을 알지 못한다. 이를 비유해 '알고는 있으나 막상 행동할 수 없는 경우'에 회색 코뿔소란 말을 사용한다.

최근에 만들어진 신조어들이 의미하는 건 두 가지로 요약된다. 과거와 다른 변화가 올 수 있고 미래는 예측할 수 없기 때문에 대비하는 것이 중요하다는 점이다. 부동산 이야기를 할 때 많은 사람들이 공통적으로 질문하는 것은 가격 폭락 여부다. '가격이 크게 하락할 수 있냐' 하는 점이다. 그러나 사실 난 가격 변화에는 큰 관심이 없다. 그것은 맞힐 수도 없고 예측할 수도 없는 문제이기 때문이다. 가격 전망이나 예측이 틀렸던 경험을 우리는 수없이 가지고 있다.

반면 '가격폭락에 대비할 수 있느냐'란 주제에는 관심이 많다. 성공적인 투자를 위해서는 변화 예측보다 대비가 중요하기 때문이다. 따라서 '부동산 가격 폭락이 정말 가능한 시나리오인지' 진지하게 점검해볼 필요가 있다. 예측하는 것과 가능성을 점검하는 것은 결이 다른 접근이다. 예측은 확정을 의미하지만 가능성 점검은 확률을 의미한다. 확률을 기반으로 한 투자에서 핵심은 조금의 가능성이라도 점검하고 대비해야 한다는 점이다. 먼저 숫자를 살펴보자.

불편한 숫자

숫자는 감정이 없다. 냉담하게 현실을 말해준다. 그래서 우리는 가끔 숫자를 맹신하게 된다. 그러나 중요한 건 숫자 자체에 있지 않다. 변화를 읽기 위해서는 숫자를 만든 사람들의 심리와 행동을 읽는 것이 중요하다. 작은 변화를 찾고 원인을 고민해야 한다. 그래야만 숫자가 가진 진정한 의미를 찾을 수 있다. 속도에 주목하는 이유다.

속도는 현실세계를 설명하는 가장 중요한 단어 중 하나다. 빠르기를 측정하는 물리적 용어에는 속도와 속력이 있다. 속도와 속력은 같은 빠르기를 측정하나 속도에는 방향 개념이 존재하고 속력에는 방향이 없다. 속력은 빠르기만을 고려한다. 반면 얼마나 빠르게 어느 방향으로 움직이는가를 나타내는 것이 속도다. 사회과학에서는 속력보다 속도에 관심을 가져야 한다.

속도는 결국 방향성의 문제다. 방향성은 심리가 결정한다. 과거 전통 경제학에서 심리는 중요한 고려사항이 아니었다. 경제 주체들의 합리적 (?) 행동과 그에 따른 시장 변화를 연구했다. 그러나 전통경제학을 통한 전망, 정책이 현실 세계를 제대로 설명하는 경우가 드물었다. 가장 큰 이유는 예외적인 사항에 들어가는 '심리'를 고려하지 않았기 때문이다. 그래서 최근에는 심리가 투자와 경제학에서 매우 중요한 전제사항이 되고 있다. 심지어 2017년 노벨경제학상은 경제학에 심리학을 접목하여 행동경제학이라는 학문을 체계화시킨 리처드 탈러 시카고대 교수가 받았을 정도다.

이러한 측면에서 전통경제학이 속력이라고 하면 행동경제학은 속도다. 전통경제학은 방향(심리)을 고려하지 않고 빠르기(결과)만 측정한다. 그러나 행동경제학은 방향(심리)을 반영해 빠르기(결과)를 측정하고 예측한다. 투자 판단을 위한 분석에서도 속도를 중요하게 생각하고 방향을 결정하는 심리를 읽어야 한다. 부동산 역시 숫자 분석에 그치지 않고 어떤 심리가 숫자와 속도를 만들었는지를 읽어야 하는 이유다. 숫자를 만든 심리를 관심 있게 바라보자. 심리 영향에 따른 속도가 가격변화를 결정한다.

가계부채, 항상 문제였지만 더욱 문제가 되고 있다

가장 이상적인 상태는 점진적 변화다. 아쉽게도 현실과 이상은 다르다. 부동산 시장이 경제 성장을 반영한다고 하면 가장 이상적일 수 있다. 개인 소득이 증가한 만큼 부동산 가격이 상승하면 된다. 그러나 현실 부동산은 다르게 움직이다.

선형적인 세상이 연출되지 않는 이유는 감정과 심리가 개입되기 때문이다. 주식 시장 격언 중에 "시장은 탐욕과 공포 사이에서 움직인다"라는 말이 있다. 사람들은 탐욕과 공포 사이에서 흔들린다. 긍정적인 뉴스들이 시작되고 전망이 밝아지면 사람들은 탐욕스럽게 변한다. 돈 버는 일에 집중하고 공격적인 투자에 나선다. 탐욕은 투자 경쟁을 일으키고 가격의 급격한 상승을 일으킨다.

반대로 공포도 쉽게 찾아온다. 부정적인 전망이 많아지면 사람들은 두려움을 갖기 시작한다. 불확실성이 커지고 사람들의 공포심은 빠른 가격하락으로 이어진다. 이러한 심리적 변동도 물론 숫자를 통해 표현된다. 대표적인 것이 부채다.

국회예산정책처가 발간한 〈최근 경제동향 및 가계부채의 미시적 결정요인 분석 보고서〉에 따르면 2018년 3분기 가계부채(가계 신용 기준)는 2017년 동기 대비 6.7% 증가한 1,514조 원으로 조사됐다. 가계부채가 2013년 1,000조 원을 돌파한 이후 5년만에 1,500조 원을 넘어선 것이다. 2014년부터 2017년까지 연평균 증가율은 10.2%에 이른다. 반면 2017년 기준 가계 가처분가능소득 증가율은 3.2%, 명목 GDP(국내 총생산) 증가율은 5.4%에 그쳤다.

소득보다 대출이 더욱 빠르게 증가한 것이다. 가계부채가 증가한 원인

우리나라 가계부채 변동 현황

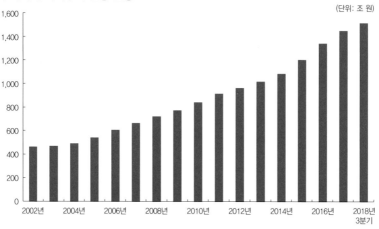

(단위: 조 원)

자료: 한국은행, 미래에셋대우 리서치센터

은 고소득 가구의 경우 부동산 담보대출 및 신용대출 확대였다. 저소득 가구는 부동산 담보대출만 늘었다. 고소득이든 저소득이든 모두 부동산 대출이 가계부채 규모를 확대시키는 주요한 배경이 되었다.

빚이 빠르게 증가했다는 것은 부동산 투자에 대한 사람들이 확신이 컸다는 것을 의미한다. 과도한 빚으로 집을 산다는 건 집값이 떨어질 수 있다는 가능성을 전혀 고려하지 않은 행위다. 빚이 많아질수록 사람들의 확신도 커진다는 말이다. 반대도 성립한다. 빚이 적어질 수록 공포가 커진다는 의미다. 현금으로 집을 사는 사람들이 많다는 말은 그만큼 두려움이 크다는 것을 뜻한다.

과거 많은 국가들이 금융위기를 경험했다. 위기가 터질 때마다 정부를 비롯한 각계 전문가들이 위기 원인을 찾고자 노력했다. 많은 원인과 새로운 이론들이 제시되었다. 그 중에서도 중요한 건 위기를 미리 알 수 있는 방법을 찾는 것이었다.

BIS와 IMF 등 국제 기관들은 대부분 금융위기 전조가 '경제 성장속 도보다 더 빠른 속도로 증가한 국내 민간 대출'임을 발견했다. 단순 부채 총량보다 부채 증가 속도가 중요하다는 사실을 밝혀냈다. 이러한 차원에 서 최근 대한민국 가계부채 증가 속도에 대해서는 우려를 가질 만하다.

2018년 2분기 기준 예금 취급기관의 가계 주택담보대출 금액은 558조 원이다. 부동산 시장이 회복세를 보인 2013년 이후 약 170조 원의 대출 이 증가했다. 170조 원은 10억 원 아파트 약 34만 가구 이상을 매입(LTV 50% 적용)할 수 있는 규모다. 주택대출 증가로 인해 가계부채가 커지고 있 다. 맥킨지 글로벌 연구소에 따르면 한국 가계부채는 GDP 대비 94% 수 준이다. 조사 대상 51개국의 GDP 대비 가계부채 평균 비율은 59%에 불과하다. 한국은 조사대상 51개국 가운데 8위를 기록했고, 아시아 국가 가운데 가장 높았다.

문제는 속도다. 최근 옥스퍼드 이코노믹스와 국제결재은행의 발표 자 료에 따르면 최근 3년간 한국의 GDP 대비 가계부채 증가율은 10%를 넘어 노르웨이 15% 다음으로 높은 것으로 조사되었다. 한국은 조사 대 상 국가들 중에서 부채 절대 규모가 두 번째로 빠르게 증가했다. 심지어 1위를 기록한 노르웨이는 연금 비율이 높고, 주택담보대출 비율이 낮아 안정성 차원에서는 한국이 가장 열악한 상황이다.

과거 경험으로 볼 때 가계부채 증가 속도와 금융위기는 관련이 깊다. 2008년 미국의 경우 서브프라임 직전 GDP 대비 가계부채 비율이 100%에 근접했고, 부채 증가 속도는 10%에 달했다. 단순 비교는 힘들 겠지만 최근 빠른 한국 가계부채 증가 속도는 위험을 확대시키는 요인이 될 수 있다.

한국 가계부채 리스크는 항상 거론돼왔던 문제다. 언제나 가계부채가 문제였다. 그럼에도 불구하고 가계부채는 한 번도 위기의 직접적인 원인이 된 적이 없다. 실제로 어떤 부채보다 가계부채는 안정적이라고 평가된다. 왜냐하면 연체율이 낮기 때문이다. 가계부채 연체율은 2010년 말 3%대에서 2018년 1분기 말 1.37%로 크게 하락했다. 미국 4%대와 비교하면 현저하게 낮은 수준이다

그럼에도 불구하고 향후 금리인상과 더불어 부동산 가격 하락이 시작되면 상황은 언제든지 바뀔 수 있다. 부채가 빠르게 증가했고 절대량도 크다. 가속이 붙으면서 리스크를 확대시킬 가능성이 있다. 마치 뻔히 알고 있는 회색 코뿔소가 몰려와서 모든 것을 휩쓸어 버리는 것처럼 한국 가계부채도 위험성을 가지고 있다. 비단 은행 대출만이 문제가 아니다.

한국에는 독특한 대출이 존재한다. 바로 전세다. 한국은행이 국토교통부 주거실태조사와 한국감정원의 지역별 전월세 가격 정보를 바탕으로 계산한 수치에 따르면 2018년 3월 현재 전세 보증금 규모는 687조 원으로 추정된다. 전세가구 보증금만 따로 떼어서 보면 전세 보증금은 512조 원에 달한다. 직접적인 주택담보대출이 500조 원에 가깝고, 전세 보증금 512조 원을 포함하면 주택관련 대출만 1,000조 원이 넘게 산출된

다. 대출 규모가 훨씬 커지는 것이다. 전세금을 고려하면 한국은 다른 나라에 비해 가계부채가 과소평가되어 있을 가능성이 크다.

전세금을 사적 대출이라 생각하면, 가계부채처럼 빠르게 증가한 속도가 문제될 수 있다. 매매가격 대비 전세 비율은 2013년부터 빠르게 상승했다. 전세금 상승은 그만큼 전세를 통한 주택자금 대출 비율이 증가했다는 것을 의미한다. 이미 전세에 문제가 발생하고 있다. 아직 숫자는 미미하지만 전세 보증금 반환 보증 사고 세대가 증가하고 있는 추세다.

주택도시보증공사 자료에 의하면 2018년 9월까지 전세 보증금 반환 보증보험 가입자 중 전세 보증금을 돌려받지 못한 경우는 234건이었으며 미환수 보증금은 487억 원으로 나타났다. 2015년 1억 원, 2016년 34억 원, 2017년 75억 원과 비교하여 미환수 보증금이 급증하고 있다.

금리 인상으로 연체율이 증가할 수 있다. 또한 전세가가 하락하면서 전세금 반환 문제가 확대되면 부동산 시장에 본질적인 영향을 미칠 가능성이 크다. 인내의 문제가 발생할 수 있다. 결국 전세가 하락은 가계부채의 본질적인 문제를 더욱 심화시킬 가능성이 높다. 부채의 눈덩이 효과(Snow Effect)가 발생할 수 있다. 부동산 시장에 대한 과도한 확신, 심리적 편향으로 빠르게 증가한 가계부채와 전세금은 향후 한국 부동산 시장에 가장 큰 우려 사항이 될 것이다.

시장 불확실성 키우는 고령자 주택 매수 비율

아파트 가격 상승이 지속되었던 2013년부터 2017년까지 총 334만 호의 아파트가 매매 거래되었다. 가장 많이 거래되었던 2015년에는 약 80만 호가 매수됐다. 연령별로 주택을 매수한 비율을 계산해 보면 흥미롭다. 50대 이상 매수 비율은 상승한 반면 30대와 40대 매수 비율은 지속 하락했다. 2017년 매수된 60만 채의 아파트 중에서 50대 이상이 매수한 비율은 38.2%로 2014년 33.7% 대비 4.5%포인트 늘어났으나 30대와 40대가 매수한 비율은 5.1%포인트 감소했다. 집값이 상승하면서 50대 이상의 주택 매수가 늘어났다는 것을 의미한다.

50대 이상의 아파트 매수가 증가했다는 점은 부동산 시장의 안정성 측면에서 긍정적일 수 있다. 50대 이상은 30대와 40대와 비교하여 상대적으로 순자산 규모가 크기 때문이다. 그러나 흐름(Flow) 관점에서 보면 리스크를 상당히 노출하고 있다. 50대 이상은 30~40대와 비교하여 경제활동 비중이 낮다. 따라서 50세 이상은 현금흐름 측면에서 사실 가장 취약한 계층이다. 이들은 심리에 더 크게 좌우되고 이자와 세금이 오를 경우 타격이 클 수 있다.

50세 이상은 1960년대 전후에 태어나 경제 활동이 가장 왕성했던 시기에 빠른 부동산 가격 상승을 경험했던 세대다. 1990년대 말 외환위기 이후 부동산으로 돈을 크게 벌었던 사람들 이야기가 신화처럼 회자되었고, 노무현 대통령 시절 정부 규제에도 불구하고 집값이 폭등한 경험을

50대 이상이 전체 아파트 매수에서 차지하는 비율

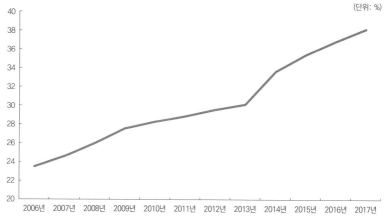

(단위: %)

자료: 국토교통부, 미래에셋대우 리서치센터

생생히 가지고 있다. 결국 부동산 불패라는 단어가 깊숙이 잠재되어 있는 세대라고 할 수 있다.

조금 과장해서 이야기하자면 한국 50대 이상은 부동산 불패와 정부 무능이라는 무의식이 상당히 깊게 자리잡고 있을 가능성이 크다. 영화 〈국가 부도의 날〉은 1997년 외환위기를 다뤘다. 영화에서 유아인이 맡은 윤정학이란 인물은 투자자들을 모아놓고 국가 부도 시나리오에 대응한 투자를 제안한다. 위기 때 부동산에 투자해서 돈을 벌자는 이야기다. 윤정학의 대사가 인상 깊다. "저는 정부의 무능과 무지에 투자하려는 겁니다." 부동산 투자와 정부 정책에 대한 뿌리 깊은 불신이 최근 무리한 주택 구입이라는 행동으로 나타났을 가능성이 크다.

세대별 구입에서 문제의식을 느끼는 이유는 50대 이상이 심리에 더욱 민감한 세대일 수 있기 때문이다. 현금소득 비중 자체가 크지 않고 미래가 불안하기 때문에 더욱 심리에 휘둘릴 가능성이 크다. 이러한 측면에서 위기가 커지고 있는 50대 이상 인구의 경제 현실을 직시할 필요가 있다. 2017년 기준 50~60대 인구는 1,378만 명으로 전체 인구의 4분에 1에 이른다. 통계청 가계동향 조사 분석 결과에 따르면 2018년 3분기 기준 전국 2인 이상 가구 중 가구주 연령 50~59세 가구의 월평균 비소비 지출이 140만 4,000원으로 1년 전보다 33만 원(30.7%) 늘었다. 월 평균 소득(573만 5,000원)의 4분의 1 정도가 세금이나 보험, 대출 이자에 지출되고 있는 것이다.

향후 보유세 증가와 금리인상으로 비소비 지출은 커질 수밖에 없는 상황이다. 소득이 안정적이라면 비소비 지출이 증가하더라도 감당할 수 있다. 그러나 50대 이상 세대는 은퇴시기가 다가오고 자녀가 결혼하면서 소득이나 자산 자체가 감소할 가능성이 크다. 자산이 감소하면서 비소비 지출이 증가하면 불가피하게 주택 매각에 나설 수밖에 없다. 중요한 건 50대 이상이 인구의 4분의 1을 차지하기 때문에 세대 움직임이 자산시장에 큰 변화를 일으킬 수 있다는 점이다.

미래에 대한 불확실성으로 심리에 쫓긴 50대 이상 세대가 부동산 투자를 늘렸다. 불안한 미래가 과거 회귀 심리를 만들었고 아름다웠던(?) 아파트 투자에 쏠렸다. 아쉽게도 현실은 냉혹해질 것이다. 보유 부담이 커지고 가격 하락이 본격화되면 다시 심리에 크게 흔들릴 가능성이 크다. 장년 세대의 부동산 보유 증가는 향후 한국 아파트 가격 변동성을 키우는 결정적 요인이 될 수 있다.

임대사업자 등록, 혜택인가 독사과인가

가계 대출뿐만 아니라 부동산과 관련된 사업자 대출도 증가했다. 국내은행 개인사업자 대출액 현황을 보면 2018년 2분기 기준 부동산업에 121조 원이 대출되어 최근 5년간 140% 증가했다. 일반 제조업 증가율 37%와 비교하여 크게 증가한 규모다.

최근 임대사업자도 급증했다. 국토교통부에 따르면 2018년 말 등록임대주택 수는 총 136만 2,000호다. 2017년 말 98만 호보다 38만 2,000호가 급증했다. 2012년부터 임대사업 등록 주택 수를 보면 최근 증가 속도가 가장 빠르다. 개인 임대사업자 수가 증가한 이유는 직접적으로는 임대사업자 등록에 따른 혜택이 확대되었기 때문이다. 특히 세제 혜택이 가장 컸다. 양도세, 소득세 장기보유 특별 공제율을 확대하고, 종합부동산세에서 합산을 배제시켜주는 이점이 있었다.

그러나 주택과 관련된 개인 임대사업자는 상대적으로 금융에 취약한 측면이 있다. 낮은 월세와 변동성 큰 전세가를 감안하면 안정적인 임대수입이 불가능하기 때문이다. 특히 전세와 월세 가격 하락에 직접적인 영향을 받게 된다. 불가피하게 임대사업자 중에서 아파트 매도가 증가할 가능성이 큰 이유다.

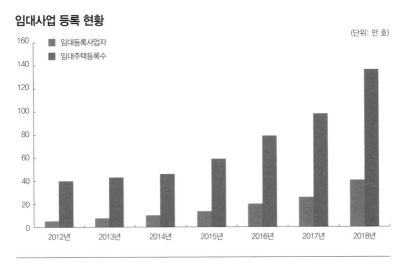

임대사업 등록 현황

(단위: 만 호)

- 임대등록사업자
- 임대주택등록수

160
140
120
100
80
60
40
20
0

2012년 2013년 2014년 2015년 2016년 2017년 2018년

자료: 국토교통부, 미래에셋대우 리서치센터

임대사업자 혜택 덕분에 등록된 임대주택이 크게 증가했다. 전체 주택의 약 10%가 임대주택으로 등록되고 정부 관리하에 들어가게 되었다. 임대주택은 대부분 투기수요다. 등록 임대주택은 기본적으로 임대 상한선을 지켜야 한다. 임대사업자로 등록된 경우 임대 수익 목적보다 세금(보유세, 양도세) 절약과 향후 자본 이득, 즉 매매 차익을 고려한 경우가 많았다.

그런데 임대주택에 대한 혜택은 점점 줄어들고 매도에 대한 제한 규정도 강화되고 있다. 정부는 한국 부동산 가격 변동의 주력이라 할 수 있는 주택 임대사업자들을 관리하에 두게 되었다.

집을 많이 가진 사람에게 "왜 임대사업 등록을 안 하세요" 물어보니 "내가 왜 굴 속에 들어가. 차라리 세금을 내지"라고 했다. 세금을 피하려고 임대사업자로 적극 변신한 투기수요자들은 어떻게 될까? 이제 정부는 맹수를 동물원에 가두고 먹이를 줬다가 빼앗았다가 반복할 것이다. 길들이기 작업이다. 이미 시작되었다. 최근 정부는 임대사업자가 의무기간 내 양도금지 의무를 위반한 경우 과태료를 기존 1,000만 원에서 최대 5,000만 원으로 상향한다는 내용을 발표했다. 현재 임대사업자는 임대주택 유형에 따라 단기 4년, 장기 8년이라는 의무 임대기간을 준수해야 한다. 임대료 5% 인상 규정을 위반했을 때 과태료는 1,000만 원에서 3,000만 원으로 상향한다.

임대사업자가 더 이상 증가할 수 없는 상황이다. 이후 임대사업자에 대한 관리와 규제는 더욱 강화될 가능성이 크다. 이미 혜택은 줄고 규제는 강화되고 있다. 부동산 투자자와 투기자들이 정부 관리하에 들어갔다. 2018년 기준 등록 임대사업자가 40만 7,000명에 달한다. 2017년 대비 15만 명 이상 증가했다.

줄 서서 임대사업을 등록했던 투자자들의 고민이 시작되었다. 아파트 시장 가격 변동에 영향이 가장 큰 수요자인 임대사업자들의 고민은 부동산 시장에 대한 불확실성 확대를 의미한다. 그들이 억압(?)을 탈출하고 다시 매도에 나선다면 시장 가격은 급격하게 조정될 가능성이 있다. 투자에서는 세금보다 규제와 가격 하락 가능성이 더 무서운 일이다.

이번엔 다르다?

문학평론가 김지은은 "행복이 누구도 가질 수 없는 것이 되어버리면 사람들은 행복해지기를 포기하고 행운에 매달린다"고 말했다. 행복과 행운의 차이는 무엇일까? 사전적 의미를 보면 행복은 '몸과 마음에서 느끼는 충분한 만족과 기쁨'을 말한다. 반면 행운은 '좋은 운수'라고 되어 있다. 운수는 '이미 정해져 있어 사람의 힘으로 어쩔 수 없는 일'을 말한다. 몸과 마음의 상태는 나의 노력으로 얼마든지 만들어 갈 수 있지만 운수는 그렇지 않다. '노력으로 만들 수 있다'고 믿는 것은 경험이 있기 때문이다. 이런 관점에서 새롭게 해석하면 행복은 경험으로부터 얻는 것이지만 행운은 '과거(지난 경험)와는 다르다'고 믿는 것을 의미한다고 할 수 있다.

투자에서 '행복할 것인가? 행운을 믿을 것인가?'는 중요한 문제다. 많은 사람들은 투자에서 행복보다 행운을 원한다. 그래서 항상 '이번엔 다르다'라고 생각한다. 문제는 행운은 노력으로 만들 수 있는 것이 아니라는 점이다. 성공하는 투자를 위해 행복에 관심을 가져야 하는 이유다. 투자에서 행복하기 위해서는 공부를 열심히 하고 과거를 통해 현재를 판단해야 한다. 과거 경험을 반성하고 현실을 정확히 판단해 투자를 결정해야 한다. 행운을 믿는 투자는 묻지마 투자다.

행복을 지향하는 투자는 과거에 관심을 가져야 한다. 부동산 시장 역시 마찬가지다. 과거를 분석하고 현실을 이해해야 한다. '이번엔 다르다'고 주장하는 건 행운에 매달리는 투자다. 최선의 선택은 행복하기 위해 노력하는 것이다. 행복은 경험이다. 경험을 바탕으로 위험을 줄이는 투자가 필요하다. 과거 한국 부동산 시장의 경험을 주목하는 이유다.

과거 주택 가격 하락 사례에 주목하라

가장 최근에 서울 아파트 가격이 빠르게 하락한 기간은 2011년부터 2012년까지였다. 길다면 길고, 짧다면 짧은 기간이었다. 이 기간 동안 발생한 주택 가격 하락에 주목하는 이유는 향후 주택 가격 하락과 유사할 가능성이 크기 때문이다.

2011년부터 2012년까지의 가격 하락 기간을 과거와 비교하면 다른 점이 있다. 거시 경제와 외부 영향 없이 가격 하락이 이어졌다는 점이다.

일반적으로 한국 집값을 이야기할 때 많은 사람들이 경제위기 때만 집값이 하락했다고 생각한다. 위기로 인해 어쩔 수 없이 집값이 하락했기 때문에 큰 위기만 없으면 안정적으로 상승할 수 있다는 논리다.

그러나 2011~2012년 집값 하락 기간에 글로벌 경제 위기는 없었다. 2008년 서브프라임 효과가 늦게 나타났다는 일부 주장이 있긴 하다. 이러한 논리라면 우리는 매년 경제위기를 경험하고 있는 것이다. 아직도 외환위기 후유증이 남아 있지 않은가?

국토교통부의 실거래가격 데이터와 부동산114 데이터를 통합한 아파트 실거래 변동률을 보면 서울 아파트의 경우 2010년은 −0.54%, 2011년 −1.76%, 2012년 −4.81% 하락했다. KB부동산 통계에 의하면 서울 아파트는 2010년 −2.19%, 2011년 −0.44%, 2012년 −4.48%, 2013년 −1.84% 하락했다. 전반적으로 가격이 하락했다는 사실은 모든 지표가 보여주고 있다. 그렇다면 하락 원인을 찾기 위해 거래량을 비교해 보자.

국토교통부 서울 아파트 매매(신고일기준)자료를 보면 2010년은 40% 감소, 2011년 36% 증가, 2012년 30% 감소, 2013년 53% 증가로 파악된다. 그렇다면 가격 변동 원인을 파악할 수 있다. 가격 하락이 지속되는 가운데 2011년은 거래량이 다시 증가했기 때문에 공급 증가가 원인이었고, 2012년은 거래량이 감소했기 때문에 수요 감소가 가격 하락 원인이었다.

2011년 하락기에 공급이 증가한 원인은 무엇이었을까? 일반적으로 생각하는 입주 아파트가 증가했을 가능성이 있다. 그러나 입주 아파트 현황을 보면 2011년 서울에 3만 6,923가구가 입주되어 오히려 과거(2008년 5만

6,204가구, 2009년 3만 1,341가구, 2010년 3만 6,007가구) 대비 크게 감소했다. 반면 국세청 자료를 보면 서울 주거용 임대사업체 수는 2011년에 크게 줄어든다. 2010년 서울 주거용 건물 임대업체는 294개였다. 그러나 2011년에는 232개로 2010년 대비 62개나 감소한다. 역대 최대 감소치다.

결국 다주택자를 중심으로 한 임대사업자가 시장에 매도 물량을 증가시킨 것이 주택 가격 하락의 결정적 원인이었다. 결국 단기 집값을 변화시키는 주요인은 주택 보유자가 시장에 매도하는 물량의 증감이라는 사실을 다시 한 번 확인시켜준다. 반면 부산과 대구 등 지방은 아파트 가격이 오히려 상승했다. 특이한 사실은 서울의 주거용 임대사업자 수는 감소했으나 부산 등 지방은 임대사업자가 오히려 증가했다는 점이다. 결국 투기수요가 증가하면서 가격이 상승했다.

2012년은 가격 하락과 함께 거래량이 감소했다. 주택수요 감소가 가격 변동 원인이었다. 가격 하락에 대한 우려가 커지면서 투자와 실수요 모두 줄어 들었다. 주택수요가 감소하자 공급(매물)이 함께 증가하면서 가격을 더욱 낮추고 거래량도 감소했다. 결국 2011년과 2012년 가격 하락 원인은 투기공급(매물) 증가와 투기수요 감소였다.

과거 가격 상승 원인은 공급 부족이 아니었다

대부분 사람들은 부동산 전문가다. 재산의 80%가 부동산으로 이루어진 현실에서 전문가가 안 될 수 없다. 다양한 의견과 주장이 난무한다. 의견이 충돌하고 상승론자들과 하락론자들이 격론을 펼치기도 한다. 그러나 대부분 동의하는 한 가지가 있다. 바로 공급 부족에 따른 가격 상승이다.

시중에 나와 있는 대부분의 부동산 관련 책을 보면 대한민국 집이 부족하다는 점에는 동의하고 있다. 여기서 집이 부족하다는 말은 두 가지로 요약되는데 하나는 총량이 적다라는 것과 두 번째는 살 만한 집이 부족하다는 뜻이다. 우리나라는 집이 정말 부족할까? 일반적으로 주택이 충분하거나 부족하다는 의미로 사용되는 지표는 주택보급률이다. 서울의 주택보급률을 보면 2017년 96.3%를 기록하고 있다.

주택보급률을 보면 서울 집은 아직 부족하다고 할 수 있다. 그러나 주택 보급률을 통한 공급 부족 판단에 두 가지 문제점이 있다. 보급률로 따지면 항상 집은 부족했다. 집이 항상 부족했는데도 어느 기간에는 주택 가격이 하락했다. 어떻게 설명할 수 있는가? 반대로 주택보급률이 높은 지역의 주택 가격 상승률이 더욱 높게 나타나기도 한다. 주택 가격 상승세가 가파른 일부 시·군·구는 주택보급률이 평균보다 높은 100% 이상이다.

외국인가구와 오피스텔을 추가하여 계산된 '광의의 주택보급률'은 주택보급률보다 높은 것으로 확인돼 외국인가구가 주택공급 부족의 한 원인이라는 주장도 설득력이 떨어지는 것으로 나타났다. 통계청 인구주택 총 조사에 기반한 광의 주택보급률 자료를 보면 2015년 기준으로 서울에서는 강남(100.6%), 용산(105%), 서대문(102.5%)의 주택보급률이 높았다. 서울 외에 대구 수성(104.1%), 부산 해운대(102.2%)도 주택보급률이 높았다. 이들 지역 모두 주택 가격이 가파르게 상승하고 있는 대표적인 곳이다.

과거 대표적인 가격 상승 기간은 2000년부터 2006년까지다. 입주 물량 부족에서 원인을 찾을 수도 있다. 그러나 당시 매년 30만 가구 이상의 아파트가 꾸준히 공급되었다. 그렇다면 이유는 다른 곳에 있다.

아파트 가격이 상승했던 기간을 두 시기로 구분할 수 있다. 우선 2001년부터 2003년까지다. KB국민은행 상승률로 2001년은 19%, 2002년 31%, 2003년은 10% 상승했다. 3년동안 높은 상승률이었다. 같은 기간 동안 특이한 상황이 발생한다. 바로 매입임대사업자가 급증한 것이다. 2000년 6만 8,729호에 불과했던 임대주택이 2003년에는 15만 817호로 64% 증가한다.

이후 다시 주택 가격이 크게 상승한 건 2006년으로 KB국민은행 조사를 보면 연간 24% 상승한다. 2006년 흥미로운 기사가 있다. 당시 건설교통부 발표에 의하면 2006년에만 서울과 수도권에서 총 122개 단지가 가격 담합행위로 적발된다. 2006년부터 부녀회를 중심으로 아파트 가격 담합이 시장을 교란시킨다. 실제로 당시 담합행위로 적발된 아파트들은 대부분 가격이 크게 상승했다. 2018년과 똑같은 현상이 13년 전에도 일어난 것이다. 담합을 통해 살펴볼 수 있는 건 2006년 아파트 가격 상승의 주요 원인이 투기공급(매물) 감소라는 점이다. 즉 가격 급등과 거래량 감소는 투기공급 감소에 의해서 이루어졌다.

과거 아파트 가격 변화를 짚어 집값 변동 원인에 대해서 살펴봤다. 변화과정을 보면 집값 변동원인이 무엇이었는지 알 수 있다. 또한 변화 흐름을 읽어낼 수 있다. 우선 투기수요가 증가하면서 가격이 상승하고 거래량이 증가한다. 이후 투기공급(매물)이 감소하면서 가격이 폭등하고 거래량이 감소한다. 이어서 투기수요가 감소하면서 가격 하락과 거래량 감소가 동반된다. 다음으로 투기공급(매물)이 증가하면서 가격이 급락하고 거래량이 증가한다. 매물이 증가한 이후 가격은 회복하고 거래량이 증가한다. 가격 하락 때문에 투기수요가 증가하게 된다.

변화 과정을 기억할 필요가 있다. 2019년 부동산 시장은 어디에 위치해 있는가? 다음에 어디로 향할 것인가? 과거와 다르지 않다. 행복은 과거에 있다.

커지는 불확실성

거시 경제의 변화 또한 주목할 필요가 있다. 어느 나라에서나 경제 성장은 소비와 투자 그리고 수출이 이끈다. 지출 측면에서 GDP를 구분하면 소비+투자+무역수지(수출−수입) 합산으로 이루어진다. 구성 항목 중 무역수지는 내부적으로 통제할 수 없는 부분이 있다. 따라서 경제성장을 위해서는 소비와 투자가 중요하다.

대부분의 나라에서는 투자에 비해 소비가 경제에서 차지하는 비중이 크다. 일반적으로 소비를 중요한 경제지표로 생각하는 이유다. 그러나 장기 경제성장을 이끄는 강력한 동력은 투자다. 투자는 일반적으로 소비에 비해 크게 변동하는 단점을 가지고 있으나 새로운 사업과 일자리를 창출한다는 점에서 매력적이다. 투자에는 도로와 철도 등 인프라 건설, 공장에 투자되는 설비, 학교와 복지시설 건설 등에 투입되는 공공, 민간 투자를 포함한다.

투자와 소비 중 소비가 경제에서 차지하는 비중이 크기 때문에 단기 경기 부양을 위해서는 소비를 촉진하는 정책이 효율적일 수 있다. 2008년 금융위기 이후 전 세계 국가들이 가계 소비를 늘리기 위한 정책에 집중한 이유기도 하다. 소비를 촉진하기 위해 금리를 인하하고 고용 증대와 임금 인상 그리고 세금혜택을 제공한 것이 대표적인 정책이었다. 정책 결과로 최근까지 경제 성장에서 소비가 차지하는 비중이 높아졌다. 최근 미국 실질 GDP 성장률 기여도를 보면 소비가 대부분을 차지하는 것으로 나타난다.

OECD 글로벌 소비자 신뢰지수를 살펴보면 2009년 이후 지속 회복세를 보였고, 2018년 8월 기준 100.9를 기록하여 글로벌 금융위기 이전 수준으로 회복한 상황이다. 경기 부양을 위한 중앙 정부의 적극적인 소비 부양정책이 효과를 낸 것으로 판단된다. 소비가 확대되면서 자연스럽게 부동산 가격이 올랐다. 소비가 확대되고 경제가 회복하면 부동산 거래가 빈번해지고 가격이 상승한다. IMF 조사에 따르면 글로벌 실질 주택 가격 지수는 2017년 말 기준으로 160.1(2000년=100)를 기록하여 서브프라임 위기 이전 수준을 넘었다.

글로벌 상황을 쉽게 정리하자면 서브프라임 이후 소비 확대를 위해 정책에 집중했다. 정책이 효과를 발휘하면서 소비가 증가하고 경제가 다시 회복하기 시작했다. 경제가 회복하자 자연스럽게 부동산 가격도 상승했다. 꼭 인식할 문제는 부동산은 투자가 아니라 소비라는 점이다. 집을 사는 것은 소비 행위지 잠재성장률을 올릴 수 있는 투자가 될 수 없다. 이러한 의미에서 소비가 확대되고 자연스럽게 소비의 끝자락인 부동산 가격이 상승한 것은 이해할 만하다. 소비 증가가 경제 회복을 이끌고 이후 소득이 증가하고 그에 따라 부동산 가격이 상승한 건 자연스러운 현상이었다.

그런데 소비는 늘지 않고 부동산만 올랐다

그렇다면 우리나라 상황은 어떠한가? 내구재 소비의 핵심인 자동차 판매량을 보면 2017년과 2018년까지 2년 연속 감소추세다. 글로벌 금융위기 이후 2010년부터 2018년까지 자동차 판매 증가율은 연평균 1.3%에 불과했다. 미국 내수 자동차 판매 증가율 5.8%와 비교하여 크게 부진했다. 내수 경제 성장을 이끄는 핵심소비가 늘지 않고 있다. 2004년 이후 민간 소비 증가율도 연평균 2.58%로 평균 경제성장률 3.6%보다 낮았다.

반면, 2010년부터 2017년까지 수출증가율을 보면 연평균 5.44%를 기록하여 연평균 경제성장률 3.44%를 크게 초과했다. 전체 경제에서도 수출 비중은 더욱 커져가고 있다. 금융위기 전 2006년 민간소비+정부지출+민간투자+정부투자+수출에서 민간소비가 차지하는 비중은 37%였고 수출이 차지하는 비중은 30%였다. 2017년에는 민간소비 비중이 32%로

2006년과 비교하여 5%포인트 감소한 반면 수출비중은 36%를 기록하여 2006년 대비 6%포인트 증가했다.

소비는 증가하지 않고 수출이 확대되는 상황에서 주택 가격은 급등했다. 실거래가 기준으로 서울 아파트 가격은 2018년 한 해 동안 30% 이상 상승했다. 그리고 주택담보대출이 급증했다. 소비가 회복하면 소득이 증가하고 그에 따라 주택 가격이 상승하는 것이 자연스러운 흐름이다. 그러나 한국은 부동산 가격 상승률만 유난히 높았다.

높은 건물을 올리기 위해서는 당연히 바닥면적이 넓어야 한다. 높을수록 기반과 기초가 튼튼해야 한다. 주가가 지속 상승하기 위해서는 회사 매출과 이익이 증가해야 한다. 아파트 가격도 마찬가지다. 아파트 가격만 오르는 건 문제가 있다. 경제와 소득이 받쳐줘야 한다. 최근 글로벌 부동산 가격 상승은 경제성장과 소득증가가 원인이었다. 그러나 한국은 예외였다. 소비와 경제성장률이 둔화되는 상황에서 집값만 올랐다. 최근 몇 년간의 집값 상승을 불안하게 바라보는 이유다.

글로벌 금융위기 이후 한국 집값과 마찬가지로 미국 주택 가격도 빠르게 회복하고 상승했다. 그러나 미국은 가처분소득 대비 가계부채 비율이 2008년 136.8%에서 최근 110.9%로 하락했다. 고용이 확대되고 소득이 증가하면서 자연스럽게 부동산 가격이 상승했으나 부채는 오히려 줄었다. 한국과 완전히 다른 모습이다.

투자와 수출 모두 편안하지 않다

2014년 이후 투자 확대는 한국 경제성장을 이끈 주요 원동력이었다. 민간 소비가 부진한 동안 투자가 증가하면서 경제 성장을 도왔다. 2014년부터 2017년까지 국내 총 투자 현황을 살펴보면 연평균 7% 증가해 GDP 성장률을 넘었다. 투자는 잠재성장률을 높이고 안정성을 확보해주는 측면에서 경제 성장에 긍정적인 역할을 한다. 그러나 최근 투자가 이뤄진 분야를 보면 지속 투자 확대에 대한 의문이 생긴다.

2014년부터 2017년까지 투자가 확대된 분야를 조사해보면 주거용 건물과 기계 분야의 증가율이 높았다. 주거용 건물 투자는 연평균 16%, 기계류는 8% 증가하여 GDP 성장률을 크게 초과했다. 그러나 주거용 건물투자는 잠재성장률 향상에 기여할 수 없으며 결국 부동산 투자이기 때문에 소비성 투자다. 기계류는 생산성을 향상시킬 수 있기 때문에 긍정적이다. 그러나 높은 반도체 비중과, 수입이 많다는 점을 고려하면 투자 지속성 측면에서 불확실성이 큰 상황이다.

주거용 건물과 기계류 투자는 이미 감소하고 있다. 2018년 11월은 2017년 11월 대비 주택인허가는 12.8%, 주택 착공도 24% 줄어들고 있다. 기계류 또한 6.1% 감소했다. 일시적으로 증가했던 투자가 줄어들고 아파트 가격 상승으로 과도하게 진행되었던 주택건설이 감소하고 있다. 2018년 3분기 건설투자(GDP 잠정치)는 전기대비 6.7%(전년동기비 8.9%) 감소했다. 최근까지 경제성장을 이끌어왔던 건설과 설비 투자가 감소하고 있다. 투자 부진은 부동산 시장의 불확실성을 확대시키는 요인으로 작용할 가능성이 크다.

반도체 산업은 우리나라 수출에서 5분의 1을 차지하고 있다. 경제 구조상 수출비중이 높기 때문에 경제에서 반도체 산업은 매우 중요하다. 2018년 반도체 수출액은 1,267억 달러를 기록해 사상 최고치를 기록했다. 반도체 산업은 최대 호황이었고 우리나라 경제에서 차지하는 비중이 커졌다.

그런데 2018년 이후 삼성전자와 SK하이닉스 주가가 부진하다. 이유는 반도체 산업에 대한 우려가 커지고 있기 때문이다. 이익증가에 크게 기여했던 D램 가격이 빠르게 하락하고 있다. 2018년 4분기에 D램 가격은 2년만에 처음 떨어지기 시작했다. 〈D램익스체인지〉에 따르면 2018년 4분기 D램 가격은 11% 이상 하락했다. 상승 속도가 빠른 만큼 하락 속도도 가파른 상황이다.

가격 하락으로 반도체 수출 증가율도 감소하고 있다. 최근 5개월간 월별 반도체 수출 증감률을 보면 2018년 8월 30.4% 증가했던 반도체 수출은 9월 26.9%, 10월 21.4%로 증가폭이 둔화되다가 11월 10.6%까지 떨어지더니 12월에는 −8.3%로 증가율이 빠르게 떨어졌다. 반도체 수출이 감소세를 보인 건 27개월 만이다. 2019년에도 상황은 이어지고 있다. 1월 1~10일 반도체 수출은 전년 동기간 대비 27.2% 감소했다.

수출과 고용에 큰 비중을 차지하는 자동차 산업 전망도 불투명한 상황이다. 2018년 국내 자동차 생산량은 402만 대로 2017년 대비 2.1% 감소했다. 2016년 이후 3년 연속 전년대비 생산량이 감소하고 있다. 자동차 산업은 우리나라 전체 수출에서 11%(2017년 기준)을 차지한다. 자동차 산업 위축은 수출 감소뿐 아니라 고용 감소에 직접적인 영향을 미치고 있다. 2018년 8월 고용노동부 발표에 따르면 자동차 직접 고용은 39만 1,000명으로 2017년과 비교하여 9,000명이 감소했다. 자동차는 직접 고용규모가 조선업(12만 명)의 3배이고 전후방 산업에 미치는 영향이 크다. 따라서 향후 지속적인 자동차산업 부진은 국내 고용에 부정적 영향을 미칠 가능성이 크다.

투자가 감소하고 한국 수출의 양대 축인 반도체와 자동차의 부진이 지속되면 부동산 시장의 기반을 흔들 수도 있다. 투자와 수출 변화로 불확실성이 커져가고 있다. 부동산 시장만 예외일 수 없다. 고용이 불안정하고 경제성장률이 둔화되는 상황에서 부동산 시장만 홀로 호황일 수 없다. 최근 거제시를 다녀왔다. 조선업 부진으로 거제시는 인구가 감소하고 경제상황이 좋지 않았다. 부동산 가격도 급락했다. 거제시에서 번화가 중 하나인 고현로에 위치한 식당에 저녁식사를 하기 위해 들어갔다. 8시면 이른 시간인데도 벌써 문닫을 준비를 하고 있었다. 조선업 부진이 고용과 부동산을 넘어 가게 영업에도 직접 영향을 미치고 있었다.

경제 주체(가게, 기업, 정부)는 상호 간 영향을 주고 받는다. 부동산 시장을 분석하면서도 국내 경제, 고용, 수출 그리고 투자를 관심 있게 봐야 하는 이유다. 투자에서 '독불장군'은 없다. 시차의 문제일 뿐 모두 같은 방향으로 흘러간다.

서울 부동산 경험치 못한 위기가 온다

PART 3

위기가 온다면
어떻게 대응해야
할까

자본주의 체제에서 빚은 경제성장을 위한 원동력이다. 빚을 통해 새로운 사업이 시작되고 투자가 이뤄지며 일자리가 만들어진다. 반면 빚은 늪이기도 하다. 빚 때문에 가계가 몰락하고 공장이 문을 닫는다. 부채로 인해 만들어졌던 많은 불황과 공황을 우리는 기억한다. 아이러니한 상황이다. 같은 빚인데 기회를 만들어 주기도 하고 위험을 만들기도 한다. 무슨 차이가 있는가?

여기 40대 후반인 두 사람이 있다. A는 부동산 부자다. 주택담보대출과 전세금(사적 빚)을 통해 집을 수백 채 가지고 있다. 평범한 회사원에서 수백억 원대 자산가가 되었다. "빚은 좋은 것입니다. 빚이 없었다면 지금의 제가 없었죠. 좋은 빚. 가능하면 많이 빚을 내고 싶죠. 제가 죽을 때 갚고 싶습니다." 속내는 갚기 싫어하는 눈치다.

B는 좁은 전셋집에 산다. 안방에는 가구가 꽉 들어차서 앉아 있을 곳조차 변변치 않다. 불과 몇 년 전에는 강남에 살았다. 집도 수십 채 있었다. 그러나 빚으로 산 집은 부동산 가격이 떨어지자 모래성처럼 무너져 버렸다. 가압류 딱지가 붙고 집은 모두 경매로 넘어갔다. "빚이요? 끝이

없을 줄 알았죠. 집은 악마의 속삭임 같습니다. 다시 돌아가도 피할 수 없을 것 같습니다."

빚은 빛이 되기도 늪이 되기도 한다. 무슨 차이가 결과를 다르게 만들까? 여러분은 어떻게 생각하는가? 단순히 운으로 치부할 수 있는가? 나는 여러분 모두의 빚이 빛이 되기를 원한다. 자본주의에서 빚은 좋을 수 있다. 빚이 레버리지가 되어 부동산 투자도 성공하고 사업도 번창할 수 있다. 그러기 위해서는 빚이 빛 혹은 늪으로 변하는 원인을 알아야 한다. 늪과 빛의 차이는 '때'에서 온다. 때, 시점, 시기, 즉 언제(When)냐 하는 점이 중요하다.

한자로 '위기(危機)'라는 단어에는 두 가지 뜻이 있다. 위험과 그리고 바로 기회라는 의미다. 빚처럼 위기도 투자 시점에 따라 위험이 될 수도 있고 기회가 될 수도 있다. 부동산도 마찬가지다. 때를 고민하고 위기를 위험으로 인식하면서 기회로 바꿀 수 있는 지혜가 필요하다. 위기를 어떻게 바라보고 대응해야 하는지 알아야 한다.

확증편향에서 벗어나 주제파악부터

"너 자신을 알라." 소크라테스의 철학적 담론은 가볍지만 무겁다. 역설적이지만 대부분 사람들은 자신을 가장 잘 알고, 가장 잘 모른다. 중요한 것은 잘 알기 위해 노력해야 한다는 점이다. 자기계발 전문가들이 성공을 위해 가장 중요하게 생각하는 건 메타인지다. EBS에서 방영된 〈학교란 무엇인가?〉란 프로그램에서 전국 모의고사 석차가 0.1% 안에 속하는 학생들을 분석했다. 전국 석차 상위권 800명과 평범한 학생들 700명을 비교하면서 두 그룹 간의 차이점을 조사한 것이다.

부모 경제력과 학력, 지능 등 일반적인 조사에서는 두 그룹 간의 차이가 크지 않았다. 프로그램에서는 재미있는 실험을 한다. 두 그룹에 서로 연관성이 없는 단어(예를 들면 여행, 초인종, 변호사 등)를 25개 선정하여 하나당 3초씩 모두 75초 동안 보여주었다. 그리고 몇 개를 기억할 수 있는가

측정했다. 그런데 중요한 건 측정을 하기 전 자신이 얼마나 기억해낼 수 있는가를 먼저 말하고 단어들을 기억해내는 것이다.

결과는 흥미로웠다. 석차 0.1% 학생들은 자신이 예상한 숫자와 기억한 결과치가 크게 다르지 않았다. 반면 보통 학생들은 예상치와 맞힌 개수의 차이가 컸다. 더욱 재미난 결과는 실제로 기억해낸 단어 수의 두 그룹 간 차이가 크지 않았다라는 점이다. 즉 상위권과 평범한 학생들 간에 기억력 자체는 큰 차이가 없었다. 그러나 자신의 기억력을 미리 판단하는 데는 큰 차이를 보였다. 이것이 바로 메타인지다.

메타인지의 사전적 의미는 자신이 아는 것과 모르는 것을 자각하여 스스로 문제점을 찾아내고 해결하며 자신의 학습과정을 조절할 줄 아는 지능과 관련된 인식이다. 즉 쉽게 말해 자신을 아는 능력이다. 메타는 '위에서 보면서 제어한다'라는 의미다. 중요한 두 가지는 '자신을 안다' 와 그리고 '자신을 제어한다'다.

즉 자신에 대해 정확히 알고 통제할 수 있어야 공부를 잘할 수 있다. 메타인지는 비단 학습 영역뿐만 아니라 투자에서도 꼭 필요한 능력이다. 자신의 상황과 위치, 능력을 정확히 파악하고 투자해야 한다. 장점과 단점을 파악하고 성과에 대한 추정을 통해 투자 실행 여부, 규모를 결정해야 한다. 성공 투자의 방법이다. 부동산 투자에서도 마찬가지로 메타인지가 필요하다.

지금 나의 부동산 상황은?

부동산 투자에서 '자신을 알라'는 우선 자산과 부채, 자기자본 규모를 정확히 파악하는 것이다. 자산은 부동산과 유동자산으로 구분한다. 유동자산은 당장 투자가 가능한 자산이다. 부채는 부동산을 매입하기 위한 대출금을 말한다. 자기자본은 자산에서 부채를 뺀 금액이다.

자산은 세 가지로 나누어야 하는데 전체 보유 자산, 자산에서 부채를 뺀 순자산, 유동자산으로 구분해야 한다. 우선 위기에 대응하기 위해서는 유동자산을 증가시키는 것이 매우 중요하다. 유동자산은 가용자산으로 예를 들면 집값이 빠졌을 때 투자 자금으로 사용 가능한 자금이다. 또한 부채를 줄이고 가능 부채(향후 대출이 가능한 자금)를 극대화해야 한다.

주택 가격이 급등하면서 무주택자들이 청약시장에 몰리고 있다. 서울 일부 아파트의 청약경쟁률이 200대 1을 훌쩍 상회하고 있다. 신규 분양 아파트는 기존 거래 주택과 대비하여 자금 조달 측면에서 유리하다. 입주 전까지 계약금, 중도금으로 분할 납부가 가능하기 때문이다. 또한 분양가액에 따라 중도금 대출도 용이하다. 그래서 기존 거래 주택을 구입하기에 자금이 부족한 무주택자들이 신규 아파트 분양에 관심을 갖는다.

그러나 기회 측면에서 신규 분양 주택 매입은 고민이 필요하다. 아파트를 분양 받으면 향후 대출 가능금액과 유동자산이 줄어들게 된다. 나

중에 기회가 와도 잡을 수 없게 된다. 현재 시점에서 자금 조달이 쉽다고 무작정 아파트 분양을 받아서는 안 되는 이유다.

정확한 자신의 위치 파악을 통해 위기에 대처해야 한다. 위기에 대응하는 방식은 주택보유 형태에 따라 달라질 수 있다. 우선 1주택자의 경우 현재시점에서 리스크를 확대하는 것보다 최대한 차입금을 줄여야 한다. 실거주 주택이라고 아무런 고민도 하지 않는 게 아니라 현재 주택에 차입이 많다면 매도 후 차입금을 갚는 것도 좋은 방법이라고 생각한다. 쉽지 않은 결정일 수 있다. 그러나 현재 집이 대부분 빚으로 이루어졌다면 과감한 결단이 필요할 수 있다.

2주택자의 경우 두 주택 중 가격 상승이 높은 걸 매각하는 게 좋은 방법이다. 주식 투자에서는 두 주식을 보유하고 있을 때 안 오르는 건 팔고 오르고 있는 걸 사는 것이 미덕으로 알려져 있다. 그러나 부동산은 다르다. 변화를 인정한다면 2주택자의 경우 집값이 오른 주택을 팔고 덜 오른 주택은 보유하거나 거주하는 편이 맞다.

3주택 이상의 경우 가능한 한 빨리 매도해야 한다. 물론 부채 규모에 따라 다를 수 있으나, 향후 가격 하락에 따른 충격이 클 수 있다. 사업자 등록했다고 안심하고 있을 수 없다. 사업자 등록은 세금을 낮춰주는 혜택이 있을 뿐이지 가격 하락을 방어할 수는 없다. 가격이 하락했는데 후에 양도세를 적게 내는 것은 아무 의미 없는 일이다.

중요한 건 무주택자다. 우선 집을 매수해야 한다는 마음으로 위기를 봐야 한다. 위험을 기회로 바라볼 수 있어야 한다. 그리고 현실적으로 투자할 수 있는 지역을 구분하여 접근해야 한다. 10억 원 이상 되는 아파트를 매수할 자금도 없는데 매일 강남 집값이 이렇고 저렇고 이야기하는 건 아무런 의미가 없다.

한 가지 꼭 명심해 할 것은 위기에 부동산을 살 때는 투자 목적으로 사야 한다는 점이다. 내가 꼭 살고 싶은 곳보다 투자처를 찾아야 한다. 내가 살고 싶은 동네는 투자한 이후 돈을 벌어서 가면 된다. 처음부터 투자지역으로 의미가 없는 곳에 가격 하락이 일어났다고 대출을 일으켜 덥석 집을 살 필요 없다는 말이다.

보유 자금이 5억 원이다. 꼭 살고 싶은 A아파트가 있고, 근방에 B아파트가 있다. A아파트가 6억 원에서 가격 조정이 이루어져 5억 원이 됐다. B아파트는 재건축 아파트로 6억 원 거래가격에서 4억 원으로 급락했다. 무엇을 선택하겠는가? 대부분 무주택자는 A아파트를 선택한다. 지금 자금에 맞고 가격 조정이 이루어졌으니 살 시점이라고 생각하고 매수한다. 그러나 투자 관점에서는 B아파트를 사야 한다.

간단히 접근해보자. A아파트를 선택했으면 향후 다시 6억 원이 되었을 때 마음만 좋다. 그러나 B아파트를 4억 원으로 산 이후 다시 6억 원이 되었을 때 매도하면 내 자금은 7억 원이 된다. 그때 A 아파트를 사고도 1억 원이 남는다. 물론 매매거래에 따른 세금이 발생할 수 있다. 그러나 여유자금 1억 원이 있었기 때문에 충분히 비용을 충당할 수 있다. 1억 원에 4% 금리만 적용해도 3년 후 이자가 1,125만 원이나 된다.

자산과 부동산을 정확하게 파악하는 일은 불확실성을 줄이는 첫 번째 작업이다. 미래 전망이 불투명할수록 현재 상황을 객관적으로 진단해야 한다. 불확실성이 클수록 긍정적인 접근보다 보수적인 접근 방법이 필요하다. 《도덕경》에는 다음과 같은 구절이 있다. "흙을 빚어 그릇을 만들지만 그릇을 쓸모 있게 만드는 것은 그릇 속의 빈 곳이다."

기회는 빈 곳이 만든다.

불확실성 줄이고 기대값을 높일 때

부동산 가격의 변화는 우연일까? 필연일까? 모든 자산 가격 변화는 뚜렷한 이유가 있는 걸까? 변화에 대한 원인을 찾는 측면에서 랜덤워크 이론을 살펴볼 필요가 있다. 랜덤워크 이론은 주가 변화가 과거와 관계없이 독립적으로 움직인다는 이론이다. 즉 주가 변동은 독립적이며 일반인들이 예상하기 힘든 우발성을 가지고 있다. 따라서 랜덤워크 이론에 따르면 주가 예측을 바탕으로 투자하기 어렵다는 결론에 이른다.

이론에서 주가는 과거 정보와 아무런 상관없이 무작위(Random)하게 변동되어 술에 취한 사람의 걸음걸이(Walk)와 같다고 말한다. 랜덤워크 이론은 흔히 브라운 운동과 비교된다. 브라운 운동은 작은 꽃가루 입자를 물과 섞으면 물 분자와 끊임없이 충돌하면서 꽃가루 입자가 불규칙하게 운동하는 것을 말한다.

랜덤워크 이론에 따르면 미래 부동산 가격을 움직이는 것은 예측할 수 없는 새로운 정보뿐이다. 새로운 변화는 물 분자와 같은 작용을 해서 부동산 가격이 불규칙한 운동을 하게 된다. 따라서 부동산 가격이 오를 것인가 내릴 것인가 또는 어느 정도 변할 것인가라는 예측은 불가능하다. 다만 부동산 가격이 오를 확률과 내릴 확률은 거의 비슷하므로 그 변동폭을 기록하면 결국 정규 분포를 따르게 된다.

주식 시장에서는 랜덤워크 이론에 대한 많은 실증이 이루어졌다. 그럼에도 불구하고 전문가나 투자자들은 랜덤워크 이론에 대해 좋지 않은 감정을 가지고 있다. 랜덤워크 이론에 따르면 노력이나 재능이 투자 결과로 이어질 가능성이 적기 때문이다. 그러나 이는 감정적인 접근일 뿐이지 실제 변화는 예측할 수 없는 불규칙한 변화가 불가피하고 우연이 결과에 미치는 영향이 크다.

부동산 투자도 마찬가지다. 부동산 가격 변동도 랜덤워크에 따라 불규칙하게 변하며 우연이 개입할 여지가 크다는 점을 항상 고려해야 한다. 랜덤워크 이론을 고려한 판단기준은 시장의 불확실성이 커질수록 더욱 필요하다. 근자감이라는 단어가 종종 쓰인다. 근거 없는 자신감이라는 뜻이다. 최근 서울을 중심으로 부동산 가격이 급등하자 집을 가지고 있는 사람들이 부동산 투자에 대해 근자감을 가지게 되었다. 대부분 부동산 가격이 오르면 본인이 투자를 잘해서라고 생각하게 된다. 성공해서 자신감을 가지게 되는 건 좋은 일이지만 확실한 근거가 없는 자신감은 오만이 될 수 있다. 우연이 개입할 여지가 큰 시장에서 오만은 투자의 가장 큰 적이 된다.

그렇다면 우연이 지배하는 시장에서 부동산 투자로 성공하기 위해서는 어떻게 해야 하는가? 가장 좋은 방법은 불확실성을 줄이고 기대값을 높이는 투자를 하는 것이다. 불확실성을 줄이기 위해서 우선 투자자는 추세나 패턴에 따라서 행동하지 않아야 한다. 사람들은 우연 속에서 필연을 찾으려 하고 무질서 속에서 질서를 찾아내려 하는 동물적 본능을 가지고 있다. 인간은 기본적으로 쉽게 세상을 이해하기 위해 패턴과 규칙을 찾으려고 노력하기 때문이다. 이러한 습성은 매일 해가 뜨고 지고, 매년 계절이 바뀌는 야외에서 치열하게 살아남아야 했던 환경에서 만들어진 생존 본능이다. 사실 규칙이 단순하고 절대적일수록 삶은 더 쉽게 생각된다. 그러나 투자에서도 편의를 강조하여 필연과 질서를 예상하고 행동한다면 불확실성이 강한 환경에서 투자 위험이 커질 수밖에 없다.

다음으로 우연이 지배하는 환경에서 현명한 투자를 하기 위해서는 불확실성에 대한 이해가 필요하다. 불확실성은 위험을 이야기한다. 그렇다면 위험이란 무엇인가? 투자에서 위험에 대한 정의는 두 가지가 있다. 먼저 보통 투자업계에서 사용되는 의미로, 위험을 '투자 성과의 불확실성'으로 정의하고 투자수익률의 표준편차나 변동성으로 측정한다. 또 다른 위험의 정의는 '손실 가능성'이다. 손실을 위험으로 이해하면 투자자들은 변동성을 중요하게 생각하지 않는다. 단지 투자 수익률이 높고 손실을 피할 수 있으면 수익률을 예측하기 힘들어도 걱정하지 않는다. 당신은 위험을 어떻게 정의하는가? 리처드 번스타인이 《소음과 투자》라는 책에서 예시로 든 퀴즈를 풀어보자.

> **1** 펀드 1,000달러 투자 / 복권 1,000달러 투자
>
> **2** 단기 국채 1,000달러 투자 / 복권 1,000달러 투자

퀴즈는 두 문제다. 우선 1번 문제에서 당신은 어느 쪽이 위험하다고 생각하는가? 만약 복권을 골랐다면 당신은 위험을 손실로 이해한 것이다. 일반적으로 '위험=손실'이라고 접근하면 펀드가 복권보다 당연히 더 안전한 투자처가 된다. 그러나 '위험=불확실성'으로 정의한다면 복권보다 펀드가 더 위험하다. 펀드 수익률은 예측하기 힘들기 때문이다. 반면 복권의 수익률은 −100%라는 것이 거의 확실하다. 복권에 투자하면 당신은 1,000달러를 모두 잃을 확률이 매우 높기 때문이다. 대부분의 사람들은 복권을 위험한 투자라고 생각한다. 위험을 손실이 발생할 확률로 정의하기 때문이다.

두 번째 문제를 보자. 단기 국채와 복권의 선택에서 답은 더욱 극명하다. 더 위험한 투자를 고르라 할 때 단기 국채를 선택한 사람은 거의 없을 것이다. 불확실성을 감안할 때 단기 국채가 더 위험함에도 불구하고 말이다.

투자에서 사용하는 위험 정의에 따르면 복권은 위험한 투자가 아니다. 복권 기대 수익률은 그 자체가 매우 낮으나 불확실성이 적다. 즉 위험이 큰 투자가 아니라 '불합리한 투자'다.

위험을 어떻게 정의하느냐는 투자에서 매우 중요한 문제다. 위험의 정의에 따라 위험한 자산이 안전해 보이기도 하고, 안전한 자산이 위험해 보이기도 하기 때문이다. 위기에 대처하는 투자는 위험을 철저히 불확실성으로 보고 접근해야 한다. 따라서 위험을 줄이고 기회를 찾기 위해서는 불확실성을 최대한 줄여야 한다.

랜덤워크에 따라 움직이는 부동산 시장에서는 불확실성을 줄이고 기대값을 높여야 한다. 패턴이나 추세에 따라 행동하지 말고 손실이 아닌 불확실성으로 위험에 접근해야 한다. 그렇다면 기대값을 높이는 구체적인 방법에 대해서 알아보자.

심리적 편향을 극복해야 한다

투자에서 기대값을 높이는 두 가지 방법은 서로 영향을 준다. 즉 위험을 불확실성으로 정의하면 추세나 패턴에서 자유로울 수 있다. 예를 들어 위험을 손실 확률로 정의한다면 강남 부동산은 가장 안전한 투자처다. 반면 현재 집값이 떨어져 분양가 수준으로 가격이 하락한 지방 아파트는 향후에도 손실 확률이 높아 매우 위험한 투자라고 평가할 수 있다.

지난 몇 년간 '똘똘한 한 채'가 유행어처럼 번졌다. 쉽게 말해 지방의 아파트를 팔고 강남을 중심으로 서울 아파트를 사는 투자 패턴을 말한 단어였다. 똘똘한 한 채는 안전한 투자일까?

최근 부동산114가 부동산 침체기였던 2008년부터 2013년까지 수도권 매매가격을 분석했다. 조사 결과에 따르면 매매가격은 서울 −10%, 경기 −14%, 인천 −3.1% 등 평균 11.1% 하락했다. 서울의 경우 똘똘한 지역으로 분류되는 한강 남쪽 지역 하락폭이 컸다. 강남구의 하락률이 −19%로 가장 컸고, 양천구 −18.6%, 강동구 −15.5%씩 가격이 떨어졌다.

반면 중랑구 10.3%, 서대문구 3.3%, 동대문구 2.9%, 은평구 2.7% 등 상대적으로 저평가되었다고 판단되는 강북지역은 침체기에도 상승했다. 경기 지역도 서울에서 가깝고 주요 주거 지역으로 평가되는 용인 −26.2%, 과천 −24.8%, 김포 −22.2%, 고양 −22.2%, 파주 −21.7%, 광주 −20.7% 등의 하락폭이 컸다. 반면 외곽에 있는 포천 27.7%, 안성 25.1%, 평택 20.3% 등은 오히려 급등했다.

분석 결과에 따르면 투자에서 위험을 불확실성으로 정의한다면 최근 가격이 급등한 똘똘한 한 채는 가장 위험한 투자가 될 수 있다. 가격 변동폭이 크기 때문이다. 이러한 투자 인식의 전환이 위기에 대응하는 방법이다. 불확실성이라는 위험을 줄이고 동시에 기대값을 높일 수 있다면 더욱 효과적으로 위기에 대처하는 방법이 될 수 있다.

이를 위해서는 발생 확률을 제대로 평가해야 한다. 확률에서 기대값(Expected Value)은 각 사건이 벌어졌을 때 발생하는 이득과 사건이 발생할 확률을 곱한 값을 합해서 계산한다. 예를 들어 동전 던지기에서 앞면이 나올 경우 500원을 받고 뒷면이 나올 경우 300원을 내야 한다고 한다면 기대값은 100원(500원×50% + −300원×50%=100원)이다. 식에 따르면 기댓값 추정에서 발생할 확률을 제대로 판단하는 것이 매우 중요하다.

투자에서 심리적 편향이 작용하면 발생 확률을 낮게 추정하는 오류를 범한다. 미국 재무부 장관과 골드만삭스 회장을 지내고 월가의 신화로 불린 로버트 루빈이 쓴 자서전을 보면 흥미로운 실패 사례가 나온다. 85% 확률로 이익을 계산하고 15%의 확률로 손실을 예상하여 기댓값이 플러스라고 생각하고 거래를 실행했던 사례다. 합리적이라고 생각했던 판단이었음에도 결국에는 15% 확률이라고 생각했던 손실이 발생하여 투자에 실패한 것이다. 이후에 루빈은 자신의 결정을 돌이키며 "결과는 나빴지만, 판단 자체는 잘못되지 않았다"고 말했다.

루빈의 판단과 방식은 틀리지 않았다. 15%의 확률이라고 생각한 일이 실제 발생했다 해서 판단 자체가 잘못되었다고 말할 수는 없다. 손실이 발생한 이유는 판단이 잘못되어서가 아니라 15% 확률로 일어날 수도 있는 일이 그 낮은 확률을 뚫고 현실이 되었기 때문이다. 잘못이라면 손실 가능성을 15%로 과소 평가한 것일 수 있다. 즉 문제는 결과가 아니라 발생 확률을 제대로 평가하지 못했다는 점이다.

확률을 과소나 과대 평가하는 이유는 심리편향이 작동되기 때문이다. 부동산 투자에서 일어나는 대표적 심리편향을 살펴보자. 우선 도박사의 오류다. 도박사의 오류란 도박에서 계속 잃기만 하던 사람이 이번에 꼭 돈을 딸 거라고 생각하는 오류다. 하지만 이기고 질 확률은 과거와 상관없이 언제나 50:50이다. 즉 확률에서는 과거 결과와 향후 예상되는 결과가 서로 독립적이다.

쉬운 예를 통해 도박사의 오류를 이해해 보자. 야구 경기가 9회 말 만루, 투 아웃 동점인 상황에서 감독은 지명타자를 내보내려고 한다. 지명타자로 A와 B가 있다. A는 타율이 3할이다. 10번 타석에 들어서면 3번은 안타를 친 기록이다. 다른 타자 B는 타율이 2할이다. 10번 타석에 들어서면 2번은 안타를 기록했다.

타격코치가 감독에게 A를 내보내야 한다고 말했다. 그런데 감독 의견은 달랐다. 감독은 "A는 어제 나와서 안타를 쳤잖아요. 그런데 B는 그동안 안타를 못 쳤으니 안타를 칠 확률이 높아요. B를 내보냅시다"라고 말했다. 감독의 결정은 옳은 결정일까? 이것은 마치 딸을 셋 가진 부부가 다음에는 반드시 아들을 가질 것이라고 생각하는 것과 크게 다르지 않다. 아들, 딸을 낳을 확률은 과거와 상관없이 항상 각각 50%이다. 마찬가지로 어제 안타를 쳤든 못 쳤든 상관없이 3할대 타자는 언제나 2할대 타자보다 안타를 칠 확률이 높다.

부동산 투자에서도 심리적 편향을 극복해야 불확실성을 줄일 수 있다. 부동산 가격이 상승하면 사람들은 오를 확률을 높인다. 반대로 하락하면 지속 하락한다고 생각한다. 향후 그럴 것 같다라는 생각으로 확률을 과대 또는 과소평가해서는 안 된다. 부동산 투자에서 가격이 오르고 떨어질 확률은 정확히 50%다.

2018년 서울 아파트 가격이 급등하면서 사람들은 심리적으로 불안해졌다. 추가적인 가격 상승에 대한 불안감도 커졌다. 심리적 편향이 가격 상승 확률을 빠르게 올리면서 기대값이 커졌다. 기대값이 상승했기 때문에 쫓기듯 아파트를 매수하게 됐다. 그러나 상승과 하락 확률은 과거 가격이 오르든 하락하든 계속 50%다. 반대로 2012년 아파트 가격이 하락할 때 많은 사람들은 떨어질 확률을 올렸다. 기대값은 낮아지고 가격이 낮아져도 집을 사는 사람이 줄어들었다.

투자에서 심리적 편향만 극복해도 실질 기대값은 상승한다. 10억 원을 보유한 A와 B가 있다. 둘 다 아파트를 매수하기 위해 고려 중이다. 이야기했듯이 상승과 하락 확률은 50%로 정해져 있다. A의 경우 보유 자금으로 아파트를 10억 원에 매수했다. B는 가격 상승 확률을 높여 현금과 대출로 아파트를 20억 원에 매수했다. 이후 집값이 20% 상승한 이후 다시 20% 하락했다고 가정하자.

집값 상승과 하락 확률은 50%로 동일하기 때문에 20% 상승과 하락이 동일하게 반복된다. 그렇다면 기대값은 A의 경우 10억 원이 20% 상승으로 12억 원이 된 후 20% 하락해 9.6억 원이 된다. 최종 10억 원이 9.6억 원으로 4,000만 원 손실이다. B의 경우 20억 원이 20% 상승하면 24억 원이 된다. 이후 20% 하락하면 19.2억 원이 되고 대출을 제외하면 최종 8천만 원 손실이다. 상승과 하락 확률이 동일하게 50%라고 하면 심리 편향에 따라 손실폭이 커질 수 있다.

실제 투자에서는 얼마나 많이 맞히느냐, 즉 빈도가 핵심이 아니다. 정확하게 맞혔을 때 그 크기가 핵심이다. 투자에서 빈도보다 크기가 중요하다는 사실은 주식을 통해 쉽게 설명이 된다. 당신이 세 종목을 보유하고 있다고 가정하자. 두 종목은 하락했지만 나머지 한 종목이 크게 상승했을 경우 대부분 좋은 투자 수익률을 거둔다.

성공한 투자를 하기 위해서는 기대값 분석을 통해 투자를 평가해야한다. 이를 베이브 루스 효과(The Babe Ruth Effect)라고 부른다. 미국 프로야구 홈런왕 베이브 루스는 홈런을 많이 쳐서 위대한 선수가 되었지만 스트라이크 아웃도 많이 당했다. 기대값 분석은 확률이 적용되는 모든 투자에서 효율적으로 활용될 수 있다.

미국 월가 최고의 애널리스트 중 한명인 마이클 모바신은 그의 책 《미래의 투자(More than You Know)》에서 기대값에 투자하기 위한 전략을 네가지로 정리한다.

- **집중** | 전문 도박사들은 여러 가지 게임을 하지 않는다고 한다. 그들은 카지노를 어슬렁거리거나 작은 게임에 끼지 않는다고 한다. 또는 슬롯머신에서 시간을 버리지 않는다. 전문 도박사들은 특정 게임에 초점을 맞추고 상황을 분석한다. 그리고 집중한다. 훌륭한 투자자들도 마찬가지 모습을 보인다. 적성이 맞는 분야를 찾고 상대적으로 전문 분야에 집중한다. 다양한 국가와 산업, 기업 중에서 자기 자신의 전문분야를 찾는 것이다. 그리고 거기에 집중한다.

- **다양한 상황 분석** | 확률 게임에서는 수많은 상황을 연구해야 한다. 시장가격은 매우 빠르게 움직인다. 투자자들도 여러 가지 상황을 고민하고 많은 정보를 찾아야 한다. 훌륭한 투자자들은 하루 중 매우 많은 시간을 독서에 투자하지만 정작 투자를 위한 매매는 아주 가끔씩 한다.

- **한정된 기회** | 투자 전문가들도 미래를 정확히 맞힐 확률이 10% 미만이라고 알려져 있다. 그러나 실제로 '정확한' 예측은 거의 없을 정도다. 결국 투자자에게 던지는 메시지는 '확실한 상황이 오면 과감하게 베팅하라'는 것이다.
- **게임비(Ante)** | 투자는 돈을 걸어야 한다. 포커와 다른 점은 패를 받기 위해서는 돈을 무조건 걸어야 하지만 투자는 기대값이 낮다고 생각하면 아예 참여하지 않을 수 있다. 대신 상황이 좋다고 생각하면 아주 공격적으로 투자할 수 있다.

위험을 불확실성으로 인식하고 확률을 과소 또는 과대 평가하지 말아야 한다. 심리적 편향을 극복하기 위한 가장 중요한 방법이다. 부동산 투자도 기대값을 높여야 한다. 심리적 쏠림을 주의해야 하는 이유다.

기대값을 높이기 위한 포트폴리오 구성

부동산 투자에서는 다른 투자와 다른 점이 존재한다. 바로 투자금이 크다는 점이다. 불확실한 상황에서 기대값을 높일 수 있는 가장 좋은 방법은 투자대상을 늘리는 것이다. 그러나 부동산 투자는 자산 가격이 높기 때문에 투자대상을 늘리기 어렵다. 따라서 부동산 투자에서 위기를 맞이할 때는 효과적인 전략이 필요하다.

우선 대상 자산 가격이 낮은 것에 투자해야 한다. 위기를 기회로 대응하기 위해서는 20억 대 강남 집을 사기보다는 5억 원대의 수도권 아파트 여러 채에 투자하는 게 유리할 수 있다. 그래야 기대값이 올라간다. 일반인의 생각과는 다르다. 그러나 투자는 상식을 뒤집어야 성공할 수 있다. 일반적으로 부동산 투자를 통해 돈을 번 사람들은 절대 집 하나로 벌지 않았다. 그들은 대상 주택수를 늘리면서 레버리지를 키울 뿐만 아니라 기대값을 높였다.

기대값을 높이기 위해 현금 비중을 높이는 것도 위기에 대응하는 방식이다. 이 역시 투자로 생각할 필요가 있다. 가장 중요한 투자 원칙은 손실을 최소화하는 것이다. 한 곳에 집중된 투자 방법은 심리에 흔들리기 쉽다.

심리에 휘둘리지 않고 안정적인 투자를 하기 위해서는 분산 투자가 필요하다. 그러나 부동산에 분산 투자를 하기란 쉽지 않다. 서울 아파트 가격이 평균 8억 원을 넘는 상황에서 두 채 이상 산다는 것은 비현실적이다. 그렇다면 어떻게 분산 투자를 해야 하는가? 바로 현금이다.

위기에는 손실을 최소화하기 위해 빚을 줄이고 현금 비중을 늘려야 한다. 현금 보유는 손실을 적게 할 뿐 아니라 기회를 잡을 수 있도록 기대값을 높여준다. 빚을 많이 내서 산 집의 가격이 떨어지면 괴로울 것이다. 그러나 현금을 가지고 있는데 집값이 빠지면 어떨까 생각해 보자. 시간은 당신 편이다. 위험한 상황에서 현실적 기회를 잡을 수 있는 사람은 현금을 가진 사람이다.

위기를 기회로 만들기 위해서는 현금 투자를 확대하고 위기 때 주택수를 늘리는 투자 방법을 써야 한다. 부동산 투자에서도 적극적인 포트폴리오 구성이 필요하다. 분산 투자가 어려운 상품일수록 포트폴리오 투자를 통해 얻는 기대 수익이 거지게 된다. 남들이 하지 않는 생각과 투자를 해야 성공할 수 있다. 부동산에서 적극적인 분산 투자는 불확실한 상황에서 기대값을 높일 수 있는 좋은 방법이다.

위기는 항상 기회다

앞서 설명했지만 위기는 위험과 기회가 같이 온다는 말이다. 따라서 누구에게는 위기일 수 있으나 누구에게는 기회를 준다. 대부분의 투자자들은 유행을 좇는 사람들이다. 경제학자 케인스는 고용, 이자, 화폐의 일반이론에서 "투자는 미인대회와 같다"고 말했다. 돈을 벌기 위해서는 미인대회처럼 자신이 좋아하는 후보가 아니라 남들이 좋아할 만한 곳에 투자해야 한다는 것이다.

남들보다 높은 수익률을 올리는 것이 투자다. 이러한 의미에서 투자는 미인대회를 넘어야 한다. 바로 시점을 고민하는 이유다. 현대에서 투자의 목적은 남들하고 같은 수익을 내는 것이 아니라 평균 이상의 수익을 내는 것이다. 훌륭한 투자자는 남들보다 높은 수익을 내기 위해 다수의 판단보다 독자적이며 복합적인 사고를 한다. 대상을 찾을 때는 미인

대회, 시점을 고민할 때는 놀이공원을 생각해야 한다. 놀이공원에서 최대한 많은 놀이기구를 타기 위해서는 사람들이 몰리지 않는 시간에 가야 한다. 사고의 전환이 필요한 이유다. 시점의 중요성을 알게 된다면 위기에서 기회를 찾을 수 있다.

부동산 시장에 위기가 다가오고 있다. 걱정만 하기보다는 기회로 바라봐야 한다. 2013년 봄 나는 〈집값, 떨어져도 안 돼, 올라도 안 돼, 어쩌라구〉라는 부동산 시장 리포트를 발간했다. 당시 이 리포트에 대해 〈연합인포맥스〉 김대도 기자가 쓴 기사를 살펴보자.

"이광수 애널리스트는 주택 경기도 반등할 시점이 임박했다고 진단했다. 가격이 바닥 수준으로 떨어진 데다 4.1 대책으로 세제혜택이 주어졌다는 분석에서다. 그는 지난 2006년 기준으로 수도권 300개 아파트 단지의 거래 가격을 전수 조사한 결과 서울은 20%, 경기도는 25% 가격이 빠졌다며 상위 20%(5분위) 자산가들의 부동산 비중이 최저 수준에 도달해 반등할 시기가 온 것으로 분석했다."

2013년 부동산 시장은 한 겨울이었다. 당시 집을 사라고 하면 친구도 아니라는 우스갯소리도 있었다. 그러나 결과는 어떠했는가? 2013년 서울 평균 아파트 가격은 4억 원 후반에 불과했다. 지금은 8억 원이 넘는다. 눈 감고 서울 어디에나 샀어도 두 배 가까이 벌 수 있었던 거다. 모두 다 아니라고 할 때를 다시 한 번 생각해본다. 위기를 기회로 바라보는 눈이다.

위험에 뛰어들 준비가 되어 있는가?

평범한 사람들이 위험이 올 때 기회를 잡지 못하는 이유는 두려움이 많기 때문이다. 특히 빚에 대한 걱정이 크다. 위기가 오면 사람들은 위축되고 두려움을 갖게 된다. 그러나 기회를 잡기 위해서는 위험에 스스로 뛰어들어야 한다. 뉴질랜드에서는 겨울이 오기 전에 양의 털을 깎는다고 한다. 여름에 양털을 깎으면 겨울이 오기 전에 털이 자라 양이 춥지 않게 지낼 수 있는데, 겨울 직전에 털을 깎는 이유는 무엇일까?

가을에 털의 품질이 좋기도 하지만 궁극적으로는 양들의 생명을 보호하기 위해서다. 겨울에 털을 깎지 않은 양은 자기 털만 믿고 있다가 얼어 죽는다고 한다. 그러나 털을 깎은 양은 추위를 이겨내기 위해 열심히 움직이기 때문에 오히려 살아 남는다. 사람들은 위기가 오면 추위를 이겨내기 위해 옷을 더욱 껴 입는다. 그러나 투자에서 변화를 읽고 위기를 기회로 만들기 위해서는 옷을 벗어 던지는 과감한 결단이 필요하다. 위험을 기회로 만드는 비결이다.

위기를 기회로 잡기 힘든 이유는 확증편향(Confirmation Bias, 자기 생각을 확증하는 증거를 선택적으로 탐색하고 생각에 반대되는 증거는 무시하는 행동 편향성) 때문이다. "사람들이 가장 잘하는 것은 기존 견해가 온전하게 유지되도록 새로운 정보를 걸러내는 일이다." 현존하는 최고 투자자 워런 버핏의 말이다. 창조적 천재인 로마인 카이사르는 "사람들은 보고 싶은 것만 본다"라고 했다.

위기가 지속되면 위험이 가중되고 사람들은 겁에 질린다. 시장은 냉각되고 언론과 전문가는 부정적인 전망을 쏟아낸다. 이러한 상황에서 보통 투자자들의 생각은 부정적일 수밖에 없고, 확증편향을 통해서 우려와 걱정은 더욱 강화될 가능성이 크다.

투자에 성공하기 위해서는 자신의 고집을 버리고 남들과 다른 생각을 해야 한다. 다르게 생각하고 선택하는 것이 힘든 이유는 의사결정 과정에 있다. 남들이 다 팔 때 사는 건 쉽지 않다. 반대로 남들이 다 살 때 팔거나 사지 않는 것도 어려운 일이다. 사람들은 기본적으로 어떤 행동과 선택을 결정할 때 가장 먼저 결과를 생각한다. 결과에 대한 고민이 우선이다. 결과에 대한 고민을 하게 되면 종착점은 결국 '남들은 어떻게 생각할까?'가 되고 만다. 남들이 어떻게 생각할까에 대한 걱정을 줄이는 가장 좋은 방법은 남들하고 똑같이 행동하고 선택하는 것이다. 투자에서도 마찬가지다. 우리가 남들과 다른 선택을 하기 어려운 이유다.

싸게 살 수 있는 기회

순수하게 투자를 통해서 미국 최고 부자가 된 워런 버핏이 말하는 가장 성공적인 투자는 무엇이었을까? 그는 수익률이 높았던 코카콜라 주식이나 애플을 이야기하지 않았다. 워런 버핏이 말한 가장 성공적인 투자는 세계가 오일쇼크와 스태그플레이션으로 시달렸던 1974년이라고 했다. 투자대상을 이야기하지 않고 때(When)를 이야기했다. 성공한 투자는 대상에 있지 않고 시점에 있다. 특히 사용가치가 있는 부동산은 언제 사느냐가 더욱 중요하다.

투자에서 위기가 기회로 읽히는 이유는 싸게 살 수 있는 시점이기 때문이다. 위기 때 두려움에 휩싸인 매도자들이 너도나도 집을 팔려고 하면 가격은 빠르게 하락한다. "싸게 사서 비싸게 팔아라"는 투자의 오랜 격언이자 기본이다. 그러나 대부분 시장 참여자는 비싸게 사고, 싸게 판다. 부동산도 마찬가지다.

부동산 투자를 통해 돈을 버는 가장 좋은 방법은 싸게 사는 것이다. 싸게 사면 위치가 어디든 어떤 상황이든 수익을 낼 수 있다. 따라서 위기가 왔을 때는 감내할 만한 위험을 고려해 투자 후보를 고르는 일을 먼저 해야 한다. 위기가 오면 시장 참여자들은 가격이 끝없이 내린다고 생각한다. 극단적으로 투자심리가 변하고 부동산을 싸게 살 수 있는 기회가 온다. 모두가 안 된다고 생각할 때야말로 가장 가격이 쌀 때다.

부동산은 주식과 채권 등 다른 투자와 매우 다른 점이 하나 존재한다. 사용가치가 있다는 점이다. 실제 사용에 대한 가치가 존재한다. 주식은 투자한 회사가 망할 수도 있다. 회사는 상장 폐지되고 증권은 종이조각으로 변하고 만다. 그러나 아파트나 집은 투자를 잘못해도 남는다. 살 수 있고, 임대도 가능하다. 사용가치가 있다는 점은 투자하는 데 매우 유리한 장점이다. 특히 위기가 왔을 때 안전마진(사용 가치)을 확보한 부동산은 매우 유용한 투자처가 될 수 있다.

주식 투자에서 안전마진은 어떤 주식의 내재 가치와 시장 주가 간의 차이를 의미한다. 즉 내재 가치와 시장 가치를 비교한 안전마진을 고려하여 주식 투자를 한다. 안전마진이 클수록 투자는 안전하며 안전마진이 작을수록 위험한 투자라고 할 수 있다. 문제는 내재 가치가 변한다는데 있다. 주식의 경우 사용 가치가 없기 때문이다. 내재 가치는 미래 배당의 현재 가치나 회사 미래 이익 가치 합산으로 계산할 수 있다. 그러나 향후 배당이나 이익은 언제든지 변할 수 있다. 투자자가 계산한 내재 가치가 하락할 위험이 있다. 그래서 주식 투자에서는 안전마진 또한 불확실하다.

이에 반해, 사용 가능한 아파트는 내재 가치 계산이 비교적 안정적일 가능성이 높다. 내재 가치가 0일 가능성도 전혀 없다. 따라서 내재 가치와 시장 가격 차이가 클수록 부동산은 훌륭한 투자가 될 가능성이 높다. 과거 경험을 보면 위기 때 주식보다 부동산을 통해 큰 수익을 낸 사람이 훨씬 많다. 부동산 투자에서는 안전마진(사용 가치)이 존재하기 때문이다.

그렇다면 가격이 싸다는 것은 무엇인가? 절대 기준은 없다. 집값 하락이 시작되면서 "얼마나 빠지면 사야 하느냐"는 질문을 많이 받는다. 아쉽게도 그러한 기준이나 가격은 없다. 시장 참여자들의 변화를 읽어야 한다. 10억 원 아파트가 8억 원이 될 수도 5억 원이 될 수도 있다. 그러나 5억 원이 되었어도 투기수요 감소로 인해 거래량이 급감한 상황에서 여전히 싼 가격이 아닐 가능성이 높다.

부동산 가격에서 싼 가격은 집을 가지고 있는 사람들이 너도 나도 팔려고 할 때 나타난다. 특히 투기공급이 줄어들면서 매도 물량이 증가할 때가 가장 싼 가격이다. 절대 가격보다 가격을 형성하는 공급과 수요 변화에 주목하면 싼 가격으로 부동산 투자가 가능하다. 매도 물량이 증가하면 집값이 급락하고 거래량이 회복세를 보이게 된다. 집값이 떨어지는데 거래량이 증가하고 있다면 시장 가격은 충분히 싼 가격일 수 있다.

서울 부동산 경험치 못한 위기가 온다

PART 4

기회를
잡기 위한
방법

부동산과 주식 투자를 공부하면서 나는 항상 사자가 되고 싶다는 생각을 한다. 사자와 같은 투자는 이상적이기까지하다. 사자가 사냥하는 방법을 보면 매우 흥미롭다. 사자는 먹이를 찾기 위해 이러저리 돌아다니지 않고 경험에 따라 동물 무리 떼가 지나가는 곳에서 오랫동안 기다린다. 기다리면서 먹잇감을 선정한다. 사냥의 대상은 주로 어린 새끼나 약한 동물이다. 그리고 주로 밤에 사냥을 한다. 어두운 밤이 기습하기에 유리하기 때문이다. 대상이 정해지면 가장 빠른 속도로 달려가 먹이를 사냥한다. 사자의 최고 속도는 시속 80km에 이른다. 배를 불린 이후에 사자는 하루에 20시간 이상을 자거나 쉬면서 생활한다. 그리고 또 다른 먹이를 기다린다.

사자의 사냥법은 투자에서도 본 받을 부분이 많다. 우선 무리 떼가 지나가는 곳을 잘 선정해야 한다. 투자에서 과거 변화 경향을 분석하는 것이 이에 해당한다. 다음으로 오랫동안 기다린다. 장기 투자 혹은 투자를 위한 기다림을 말한다. 부동산 투자에서는 이리저리 헤매지 말고 지역과 대상을 정해서 기다린다. 대상 중에서 약한 동물을 선정하는 것은 위기를 잡으라는 말이다. 빚과 세금, 심리 불안으로 나오는 급매물을 잡아야한다. 기회를 잡았으면 최선을 다해야 한다. 투자에서 최선을 다하는 방법은 레버리지 극대화다.

투자에 성공하기 위해서는 우선 변화경향(Tendency)을 읽어야 한다. 경향은 이야기를 말한다. 역사를 뜻하는 단어들은(영어의 History, 프랑스어의 Histoire, 독일어의 Geschichte) 모두 '이야기'라는 뜻을 가지고 있다. 대부분 과거를 이야기할 때 사건(Event)에 관심이 있다. 투자도 마찬가지다. 사람들은 IMF, 금융위기, IT버블, 200만 호 주택공급, 부동산 실명제 등 특정한 사건을 중심에 두고 과거를 말한다. 그러나 특정한 시점에 대한 이야기는 흥미를 줄지 모르지만 미래에 투자하는 입장에서는 아무런 도움이 안 된다. 강남이 몇 년도에 개발되고 1기 신도시 개발이 왜 이루어졌는지 아는 게 정말 투자를 위해서 필요한가?

과거 경험과 역사를 통해 우리가 알아야 할 유일한 것은 먹이가 많이 다니는 곳이 어디인가 하는 점이다. 변화 경향을 파악하면 먹이가 다니는 곳을 찾을 수 있다. 이야기가 중요한 이유다. 사건보다 이야기, 특정 시점보다 변화 경향을 읽어야 한다. 사자처럼 투자하기 위한 첫 번째 방법이다.

위치가 정해졌으면 기다려야 한다. 시간이 필요하다. 변화가 일어나는 때가 올 때까지 기다려야 한다. 학창시절 좋아하던 시가 있다. 서정윤의 홀로서기다. 첫 문장이 많은 걸 생각하게 한다. "기다림은 만남을 목적으로 하지 않아도 좋다. 가슴이 아프면 아픈 채로, 바람이 불면 고개를 높이 쳐들면서, 날리는 아득한 미소" 투자에서 기다림도 이와 같아야 한다. "목적으로 하지 않아도 좋다"라는 말은 목적이 없어야 한다는 말이 아니다. 목적을 가지되 초연해지라는 말이다. 성공하는 투자를 위한 기다림도 마찬가지다.

투자할 때는 사자처럼 약자를 골라야 한다. 무패 권투선수 플로이드 메이웨더 주니어는 최근 젊은 선수와의 경기를 2분만에 끝내고 상금 983억 원을 챙겼다. 40대를 넘긴 권투선수가 21살 선수를 KO시킨 비결은 무엇일까? 승리 비결은 상대에 있었다. 메이웨더를 상대한 선수는 일본의 킥복싱 스타 나스카와 덴신이었다. 전통 권투선수가 손과 발을 사용하는 킥복싱 선수와 1,000억 원짜리 대전을 하면서 내건 조건이 있었다. 나스카와가 킥을 사용할 경우 1회당 500만 달러의 위약금을 받기로 한 것이다. 대결이 결정될 때만 해도 한 라운드에 2회 정도의 킥 사용은 인정하기로 했었다. 하지만 막판에 메이웨더 측에서 거부했고 결국 발을 사용하지 않기로 합의했다. 발을 사용하지 못한 일본 최고 킥복싱 스타는 주먹 한 번 제대로 못 날리고 쓰러졌다.

전설로 남아 있는 복서 로키 마르시아노는 한 번도 지지 않고 49승 무패를 기록했다. 로키 이전에 무패를 기록한 선수는 없었다. 전설적인 권투선수들은 많지만 한 번도 지지 않은 선수는 없었다. 로키가 무패 기록을 유지한 이유는 무엇일까? 탁월한 기술과 노력을 무시할 수는 없지만 재미있는 비밀이 있다. 그를 무패 복서로 유명하게 만든 경기는 조 루이스와 이뤄졌다. 갈색 폭격기로 유명한 조 루이스는 로키의 우상이기도

했다. 경기에서 로키는 조 루이스를 8회에 KO시킨다. 최고 유명 복서를 이긴 로키는 더욱 유명해졌고 무패행진은 이어졌다. 사실 조 루이스는 록키에게 패배할 수밖에 없었다. 이미 은퇴를 선언한 지 오래된 퇴물 복서였기 때문이다. 시합을 하기에는 나이가 많았지만 재정문제로 은퇴를 번복하고 로키와 경기를 치렀다. 이처럼 로키와 대전한 선수를 보면 전성기가 지난 복서들이 많았다. 만약 로키가 자기 실력만 믿고 젊은 선수와 시합을 했다면 무패 행진이 이어질 수 있었을까? 승리의 법칙은 의외로 단순하다. 이기기 위해서는 나보다 상대가 중요하다.

부동산 투자도 마찬가지다. 약자를 골라야 한다. 안타깝지만 빚에 못이겨서, 세금 부담으로 또는 전세가격 하락으로 불가피하게 팔 수밖에 없는 대상을 찾아야 한다. 급매물이 언제나 부동산 투자에서 미덕인 이유다. 최근에는 급매물이라는 단어가 너무 쉽게 남용되고 있다. 급매물 중 진짜 급매물을 찾아야 한다. 기회를 잡는 두 번째 방법이다.

기회를 잡기 위한 마지막 방법은 '최선'이다. 사자가 먹이를 잡듯이 최선을 다해야 한다. 200kg이 넘는 사자가 먹이를 잡을 때 시속 80km로 달린다는 사실은 경이롭기까지 하다. 사람이 100m를 10초에 달리면 시속 36km에 불과하다. 먹이로 돌진한 사자는 가장 약한 목줄기나 다리를 물어 쓰러트린다. 여기에 대비해 부동산에서 최선을 다하는 투자는 레버리지(Leverage)를 의미한다.

사실 부동산 투자는 다른 투자수단과 비교하면 수익률이 낮다. 미국 FRB조사에 따르면 1870년부터 2015년까지 16개 선진국 투자자산 중 가장 높은 실질 수익률을 기록한 자산은 주식이었다. 그러나 레버리지를 고려하면 부동산 수익률이 월등했다. 부동산은 다른 투자자산과 비교해 안정적인 대출이 가능하다. 특히 한국에는 전세라는 사적 대출까지 가능하기 때문에 레버리지 투자가 용이하다.

기회가 오면 레버리지를 극대화하여 투자수익률을 높여야 한다. 특히 저금리를 주목해야 한다. 정책금리가 낮아지는 이유는 경기가 안 좋기 때문이다. 저금리 시대에 보통사람들은 조금이라도 높은 이자를 찾는다. 그러나 저금리시대에 현명한 투자방법은 더 높은 금리를 찾아 예금하는 것이 아니다. 레버리지 대출을 통해 자기 자본 수익률을 극대화하는 전략이 필요하다.

오르는 집은 따로 있다

변화를 읽을 때 중요한 건 과거다. 그런데 여기서 말하는 과거는 과거 사건이 아니라 변화 흐름이다. 즉 과거의 특정한 사실이 아니라 변화 방향과 경향이 중요하다는 말이다. 과거 변화 방향과 경향성을 찾는 작업은 단순히 미래를 예측하기 위한 방법은 아니다. 미래는 예측할 수 없다고 계속 강조했다. 미래를 예측하지 말고 미래 변화를 인정해야 한다고 주장했다.

변화 차원에서 경향(Tendency)라는 단어에 주목할 필요가 있다. 하워드 막스는 "일어날 수도 있는 일, 일어나야 하는 일, 일이 발생할 가능성에 대해 논의해야 한다"고 주장한다. 그는 이러한 것을 경향이라고 말했다. 뛰어난 투자자는 경향에 대한 통찰력을 가지고 확률을 내 편으로 만드는 사람이다.

경향 즉 일어날 수도 있는 일, 일어나야 하는 일, 일이 발생할 가능성을 알고 기대값을 계산하여 확률을 내 편으로 만들기 위해서는 과거 변화 흐름(Flow)을 알아야 한다. 과거에서 스토리를 찾아야 한다. 부동산 투자도 마찬가지다. 과거 부동산 가격의 변화를 통해 관통하고 있는 스토리를 찾아야 한다. 기회를 잡는 첫 번째 작업이다.

부동산 가격은 빠져야 오른다

2013년부터 현재까지 아파트 실거래가 가격 변화를 보면 재미있는 경향이 발견된다. 서울 아파트 중 거래량이 충분하여 가격 변동 의미를 가진 아파트 208개를 선정해 변화를 조사했다. 우선 평균 대비 가격 변화율을 살펴보기 위해 11년간 거래 가격이 최저점이었던 2012년을 기준으로 이전 최고 가격이었던 2009년 대비 하락 정도를 계산했다. 구별방법은 중간값 대비 하락이 과도한 아파트(하락 과도)와 하락이 적었던(하락 과소) 아파트로 나누었다. 그리고 2012년과 비교하여 최근까지 거래 가격 변동률을 계산했다. 또한 평균 대비 상승률이 큰(상승 과도) 아파트와 상승률이 작았던(상승 과소) 아파트로 구분했다.

208개 대상 아파트의 분석결과 하락과도·상승과도 아파트는 62개, 하락과소·상승과소 62개, 하락과소·상승과도 42개, 하락과도·상승과소 42개로 조사되었다. 즉 가격 하락이 컸던 아파트는 상승도 컸으며, 가

서울 아파트 실거래가 가격 변화

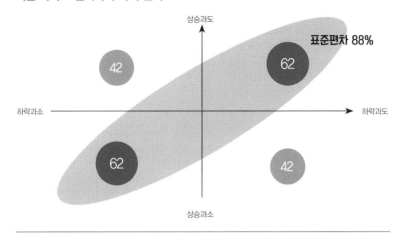

자료: 한국은행, 미래에셋대우 리서치센터

격 하락이 낮았던 아파트는 가격 상승도 시장 평균 대비 높지 않았다. 표준편차를 활용해 분석해도 가격이 크게 하락한 이후 상승률이 평균 이상이었던 비율이 88%에 달했다. 조사에 따르면 결론적으로 가격 하락과 상승 정도의 상관관계가 높은 것으로 나타난다.

단기 경향도 마찬가지다. 한국감정원 자료에 따르면 2018년 전국에서 경기도 분당의 집값 상승률이 가장 높았다. 분당은 2018년 한 해 동안 집값이 11.79% 상승했다. 반면 거제는 −15% 하락해 전국에서 집값이 제일 많이 하락했다. 분당 아파트 가격이 상승한 이유는 그 동안 많이 하락했기 때문이다. 분당구가 속한 성남시는 2007년부터 2012년까지 실거래 평균가격으로 24%(누적기준) 떨어져 경기도 평균 5.9% 대비 하락폭이 컸다. 2013년 이후 2016년까지 상승률도 성남시는 28%에 그쳐 경기도

서울 구별 아파트 실거래 가격 변화

(단위: %)

지역	2013년	2014년	2015년	2016년	2017년	18년 9월	17~18년	상승순위
성동구	11.9	3.6	15.6	13.8	24.2	23.3	61.4	1
송파구	4.4	2.9	10.8	10.6	22.9	16	49.5	2
강남구	2.3	8.3	9.8	14.9	20.8	12.2	47.9	3
종로구	−1.3	3.6	6.5	6.8	20.3	16.5	43.6	4
광진구	−1.2	4.1	9.7	5.3	17.4	16	38.7	5
강동구	1	2.2	4.2	14.2	17.3	12	43.5	6
동작구	5.5	6.2	5.8	8.4	16.9	18.3	43.6	7
영등포구	0.6	5	3.8	11.5	16.2	21.6	49.3	8
서울	2.7	5.6	9.9	11	15.2	16.1	42.3	9
양천구	0.9	6.2	7.1	12.5	14.7	16	43.2	10
용산구	−2.6	3.7	8.1	9.9	14.6	15.8	40.2	11
강서구	4.6	8.4	18.3	12.7	13.7	20.8	47.2	12
동대문구	0.2	5.4	15	2.8	13.2	22	38	13
마포구	2.2	8.1	9.7	18.1	12.8	18.3	49.2	14
서초구	4.6	7.2	12.7	11.3	12.6	12.5	36.4	15
중구	5.7	9.5	10.3	3.9	11.5	20.2	35.6	16
노원구	0.9	5.3	9	6.2	9.8	18.4	34.4	17
서대문구	4.5	10.8	7.2	27.2	9.4	20.2	56.9	18
성북구	4.2	3.5	12.2	3.9	8.9	14.2	27	19
관악구	1.9	2.3	6.2	9.1	8.7	15.7	33.5	20
도봉구	−0.9	4.1	10.1	5.9	7.5	17.5	30.9	21
금천구	5.4	13.6	6.5	10.4	6.5	23.5	40.4	22
은평구	3.9	5.3	5.4	10	6.4	18.8	35.1	23
구로구	2.2	2.1	10.1	7.4	5.5	17.3	30.3	24
중랑구	0.3	8.4	11.9	5.3	5.4	15.2	25.8	25
강북구	1.6	0.2	13	6	4.1	18.3	28.5	26

자료: 국토교통부, 부동산 114, 미래에셋대우 리서치센터

전체 상승률 27%와 유사했다. 2018년 분당 아파트 가격 상승률이 높았던 이유는 과거에 지나치게 빠졌고, 많이 못 올랐기 때문이다.

거제도 마찬가지다. 거제시는 조선업이 어려워지면서 지역 경제 역시 타격을 입었다. 이는 부동산 시장에도 안 좋은 영향을 미쳤다. 그러나 집값 하락의 좀 더 근원적인 이유는 다른 곳에 있다. 거제시는 2007년부터 2014년까지 실거래 가격 상승률이 누적기준 83%를 기록했다. 아파트 가격이 전국 평균 19.4%에 비해 월등하게 상승했다. 결국 가격 상승폭이 컸기 때문에 많이 빠지고 있다고 볼 수 있다. 많이 빠져야 많이 오른다는 경향성을 보여준다.

지난 몇 년간 서울에서 집값 상승률이 높았던 지역은 강남 3구다. 재미있는 사실은 2011년과 2012년에 걸쳐 강남, 송파, 서초구가 집값이 가장 많이 하락했다는 것이다. 결국 똘똘한 한 채도 없고 불패도 없고 오직 변화만 있을 뿐이다. 오르기 위해서는 하락해야 하고, 오르면 하락한다는 경향을 기억할 필요가 있다.

입지는 절대 조건이 아니다

부동산 투자에서 마치 절대 진리처럼 인식되는 것이 있다. 바로 입지다. 부동산 전문가 중 입지 전문가가 따로 있을 정도다. 부동산은 움직이지 않는 자산이기 때문에 입지가 중요하다. 그러나 투자 차원에서도 입

경기 아파트 실거래 가격 변화

지역	2007년	2008년	2009년	2010년	2011년	2012년
하남시	0.3	−6.6	4.3	−1.3	0.6	−5.6
과천시	1.5	−20.9	29	−0.9	−10.7	1
성남시	−9.5	−14.1	3.8	−1.1	0.5	−4
김포시	−8	−5.7	0.3	−5.9	6.7	12.5
광명시	12.3	−6.4	10.4	−2.1	11.2	−3.8
안양시	−6.5	−8.1	3.4	−4	1.4	−8.1
화성시	−5.9	−8.4	10.1	4.7	6.7	−2.8
구리시	−0.1	0.1	−5.5	9.5	0	−4.9
의왕시	−3.4	−16.5	3.7	1	−0.5	9.6
양평군	−17.7	43.2	5.8	3.7	44.9	−1
경기도	−2.2	−7.2	5.3	−1.5	2.7	−3
군포시	−1.7	−7.9	7	−2.6	−0.2	−4.3
용인시	−9.8	−16.1	8	−2.8	2.9	−6.4
수원시	−6.1	−10.8	8.5	0.3	2.8	0.5
의정부시	24.2	21.4	1	−6.1	−0.5	−4
부천시	2.1	−2.2	3.6	−0.1	−1	−3.3
시흥시	27.9	−1.9	−0.8	0.5	2.3	−1.6
남양주시	8.4	−2.8	7	−4.1	2.7	0.2
고양시	−4.7	−6.4	5.3	−5	2.1	−5.1
광주시	−6.9	0.3	0.8	−2.6	3	−1.5
파주시	1.7	0.4	1.4	−6.7	4	−0.6
평택시	3.9	6	0.5	1.5	14.2	3
포천시	20.5	41.6	−5.1	7.5	10.3	−6.3
양주시	10.6	24.2	7.4	−5.9	−3.2	−2
이천시	23.4	6.8	−9.9	0.8	7.1	4.8
가평군	−24.8	4.9	22.7	−5	14.9	9.6
동두천시	22.6	54.9	−6.5	−0.2	15.3	−3
안산시	18	−7.9	8.6	4.7	1.7	−6
오산시	−4.9	2.9	4.9	8	23.7	−4.4
여주시	31.8	18.3	−0.8	1	11.7	7.7
안성시	1.7	−0.1	6.8	−0.3	17.5	6.3
연천군	−4.1	7.2	16	12.8	--12.2	−21.3

2013년	2014년	2015년	2016년	2017년	2018년	17~18년	상승순위
−0.4	7.8	26.2	64.6	25	29.4	54.4	1
−1.4	−1.7	−4.6	32.5	18.9	19.8	38.7	2
5.5	7.5	8.1	7.4	15.1	15.8	30.9	3
9.8	20.2	9.4	5.8	19.3	4.9	24.1	4
7.1	6.6	9.6	5.1	9	14.1	23.1	5
6.3	5.8	8.7	5.6	9.8	9.7	19.5	6
1.2	3.8	15.8	16.9	9.3	9.5	18.8	7
1.1	3.3	9	11.5	10.6	7.2	17.8	8
5.7	7.7	9.1	−1.3	6	11.6	17.6	9
0.6	7.1	5.9	5.7	12	1.6	13.6	10
5.2	6.6	8.4	6.5	6.3	6.9	13.2	11
2.8	6.2	8.2	2.1	3.6	8	11.6	12
5.6	8.5	4.8	0.9	1.2	8.8	10	13
13.3	10.2	6.1	5	3	6.5	9.5	14
−0.8	1.7	10.3	3.4	6.1	3	9.1	15
4.1	3.2	9.2	7.8	3.5	4.9	8.4	16
5.1	3.7	13.9	6.5	7	−1.2	5.8	17
8.2	7.4	7.1	6.1	1.6	3.7	5.3	18
4.6	3	9.2	8.3	2.8	2	4.8	19
−0.3	1.3	10.3	2	3.5	−2.7	0.8	20
6.2	7.3	8.6	3.6	1.3	−1.3	0.1	21
0.5	9.2	10.3	5.8	4.2	−4.4	−0.2	22
−3.5	10.8	−5.6	12.3	−0.2	−0.6	−0.8	23
1.2	2.1	6.3	8.6	2.7	−3.5	−0.8	24
1.3	5.2	10.4	−1.9	0.1	−2.9	−2.8	25
11	6.8	−6	5.3	9.1	−13.3	−4.2	26
1.6	−0.4	2.8	14.6	−2.6	−2.7	−5.3	27
5.1	9.3	10.9	−3.2	−1.1	−8.6	−9.7	28
−0.9	10.6	2.5	−0.8	−3.6	−6.8	−10.4	29
−2.1	7.5	4	12	−4	−6.8	−10.8	30
4.6	2.4	6.3	6	−1	−9.8	−10.8	31
35.4	−23.7	42.8	10	−14.7	−6.7	−21.4	32

자료: 국토교통부, 부동산 114, 미래에셋대우 리서치센터

지가 중요한지 의문을 가질 필요가 있다.

입지 조건은 두 가지 약점을 가지고 있다. 우선 누구나 다 안다는 점이다. 따라서 입지의 장점은 현재 거래 가격에 포함되어 있을 가능성이 크다. 학군이 좋은 곳은 가격이 이미 비싸다. 교통이 편리해질 곳에 아파트를 분양하면 입지 장점을 고려해 이미 분양가격이 높다. 그렇다면 투자 차원에서는 매력도가 떨어진다. 입지가 부동산 투자에서 갖는 단점이다.

입지라는 말 자체가 다의적이고 변동 가능성이 있다는 점도 유의해야 한다. 부동산 투자에서 지역적 조건이 좋다는 말은 대표적으로 학군, 편의시설, 교통, 환경, 직장 등 요소를 주로 말한다. 학군이 좋다는 말은 무엇인가? 좋은 대학에 많이 진학하는 고등학교가 위치한 곳? 아니면 학원이 많은 동네, 학교가 가까운 동네? 경기도에서 환영 받는 혁신학교가 강남에서는 기피 학교다.

언제든지 바뀔 수 있는 기준은 기준이 아니다. 중요하게 생각하는 교통도 언제든지 바뀔 수 있다. 일반적으로 새로운 교통망이 생기면 무조건 좋다고 생각한다. 하지만 새로운 교통망이 부동산 시장에 오히려 안 좋은 영향을 준 예는 많다. 2010년 인천국제공항철도가 개통되면서 주변 지역은 투자지역으로 크게 관심을 받았다. 결과는 어떠했나? 영종과 청라 지역은 과도한 공급으로 처음 기대와 달리 아파트 가격 상승률이 낮았다. 역세권이라는 이름으로 너무 당연하게 받아들이는 입지는 사실 부동산 투자 입장에서는 좀 더 면밀한 검토가 필요하다.

사실 투자에서 입지가 중요한 이유는 '변화' 때문이다. 입지가 변화하는 지역은 투자 대상으로 의미가 있다. 부동산 투자에서 "장화 신고 들어가서 구두 신고 들어온다"라는 유명한 말이 있다. 입지의 미래를 봐야 한다는 의미다. 입지 변화가 예상되는 곳을 찾아야 한다. 인구 이동을 중요하게 생각하는 이유다.

향후 한국 경제와 부동산 시장에서 최대 화두는 저성장과 인구 증가율 둔화가 될 것이다. 과거 우리가 경험하지 못한 변화다. 10%대에 근접하던 경제성장률은 이미 2%대로 하락했다. 세계 최대 저출산 국가라는 사실은 오명을 넘어 우리에게 새로운 변화들을 가져올 전망이다. 지금껏 경험하지 못한 사실이 현실화되는 상황에서 부동산 시장을 예측하기란 쉽지 않다. 때문에 저성장 시대를 미리 경험한 일본을 관심 있게 살펴볼 필요가 있다. 이건 일본 부동산처럼 '잃어버린 부동산 시장'이 온다는 말은 아니다.

저성장 시대를 경험하면서 일본 부동산 시장은 가격 하락이 지속되었다. 특이한 점은 부동산 가격이 하락하는 상황에도 차별적으로 상승한 지역이 있었다는 것이다. 수요가 증가한 지역은 부동산 가격이 빠지지 않고 오히려 상승했다. 수요가 증가한 지역의 공통점은 입지가 변화하고 인구가 증가한 지역이다. 저밀도 지역에서 고밀도로, 노후 지역에서 개발 지역으로 바뀌면서 인구가 증가했다.

저성장 시대에는 차별화가 중요하다. 핵심은 수요에 있다. 수요의 양극화가 빨라지고 차이가 커지게 된다. 경제성장률이 떨어질수록 공급보다 수요가 중요하다는 말이다. 부동산 투자도 마찬가지다. 장기적으로 수요 변화에 민감하게 대응해야 한다. 과거와 다른 패러다임이 필요한 이유다.

예를 들어 GTX와 같은 빠른 교통 수단이 생긴다고 가정하자. 과거처럼 성장하는 시대에는 공급이 중요하기 때문에 개발이 되면 부동산 가격이 오르는 것이 정설이었다. 그러나 저성장 시대는 다르다. 일본은 도쿄 중심으로 신도시를 건설하면서 경전철, 고속철도 등 대규모 인프라를 동시에 구축했다. 건설 초기에는 인구 분산에 따른 기대감도 컸고 집값도 빠르게 상승했다. 그러나 현재 대부분의 신도시들은 공동화되어 있는 상황이다. 높은 통행료에 대한 부담으로 교통 인프라 이용객수가 급감한 상황이다.

변화가 있어야 가격이 오른다

과거 아파트 가격이 변화하는 경향은 분명했다. 부동산은 많이 오르면 빠지고 많이 내리면 오르는 경향성을 가지고 있다. 분명 경향에서 벗어나는 예도 있다. 계속 오르기만 했던 지역도 있고 계속 빠지기만 하는 곳도 있다. 하지만 드물었던 예가 경향이 될 수는 없다. 강물처럼 유연한 투자를 위해서는 경향에 몸을 맡겨야 한다.

가격이 많이 빠지면 많이 오르고, 많이 오르면 많이 빠진다는 경향을 통해 구체적인 부동산 투자 방향을 설정할 수 있다. 우선 첫 번째는 가격 변동이 커야 한다는 점이다. 변동이 크면 클수록 투자를 통해 수익이 커질 수 있다. 투자를 고려하고 있는 A와 B 아파트가 있다. 과거 가격 흐름을 보면 A는 5억 원에서 8억 원이 되었다가 현재 6억 원이 되었다. B는 5억 원에서 7억 원이 되었다가 현재 6억 원이다. 어떤 아파트를 매수해야 하는가?

투자를 생각한다면 당연히 A 아파트다. 변동성을 위험으로 판단한다면 A 선택은 위험하다. 그러나 가격이 하락했을 때 A는 오히려 투기 기회를 준다. 위험을 기회로 보는 다른 시각이 필요하다. B는 변동성이 적기 때문에 위험도가 낮을 수 있다. 그러나 가격이 하락할 때 좋은 투자는 아니다.

두 번째는 거래가 빈번해야 한다. 거래는 변화를 이야기한다. 부동산 투자를 다른 투자 상품과 비교했을 때 단점은 환금성이 낮다는 것이다. 따라서 더더욱 환금성을 가장 중요한 선택 사항으로 고려해야 한다. 환금성마저 높은 부동산이라면 가치가 배가 될 수 있다. 고령 세대가 부동산에 투자할 때 집중하는 투자는 아파트다. 부동산 중에서 아파트가 가장 환금성이 높기 때문이다.

거래량은 환금성뿐만 아니라 안정성 차원에서도 관심을 가져야 한다. 많은 사람이 거래하는 자산은 일종의 공인효과가 있다. 형성된 가격에 대해 신뢰를 가질 수 있다는 말이다. 부동산의 경우 담합을 통해 거래 가격이 왜곡될 가능성이 크다. 한두 채가 거래되면서 형성된 가격은 불안정하다. 언제든지 한두 채 거래를 통해서 급변할 가능성이 크기 때문이다. 여러 참여자가 빈번한 거래를 통해 이루어진 가격은 상대적으로 안정적이다.

마지막으로 모두가 관심을 가지고 있는 지역이어야 한다는 점도 중요하다. 각 지역의 대표 단지와 아파트, 부동산이 있다. 언론에서 지역을 이야기할 때 대표적으로 거론되는 부동산이 있다. 부동산 투자는 발명이 아니라 발견이 필요하다. 발명과 발견의 차이는 분명하다. 발견(Discover)은 덮은(Cover)것을 없애는(Dis=Away) 의미다. 이미 존재하고 관심이 있었던 지역이지만 일시적으로 소외된 지역을 찾아야 한다. 반면 발명(Invent)은 안으로(In) 오다(Ven=Come)라는 뜻으로 세상에 없던 것을 만들어내는 것을 말한다. 새로운 지역을 발명하는 건 부동산 투자가 아니라 개발이다.

가끔 투자를 발명으로 생각하는 사람들을 만나게 된다. 남들이 알지 못하는 주식 종목, 새로운 분야, 개발 지역, 소외 아파트를 말한다. 그러나 현명한 투자는 발명이 아니라 발견을 하는 일이다. 발명을 권유하는 사람들을 경계해라. 대표적으로 땅 쪼개기 같은 투기다. 개발 호재가 있으니 땅을 쪼개 판다고 속인다.

배우자를 찾는 방법도 유사하다. 건실한 청년이 군대에 있을 때 또는 준수한 여성이 트레이닝복을 입고 고시촌에서 공부하고 있을 때 만나야 한다. 누구도 관심 없지만 내면 깊은 가치를 알아봐야 한다. 투자 대상도 배우자도 변화를 발견해야 한다.

가격을 기다려야 한다

첫 책을 내고 독자들로부터 많은 메일을 받았다. 어느 집을 사야 하느냐? 지금 사야 하나 말아야 하나? 대부분 구체적으로 장소와 타이밍에 대한 질문이었다. 나는 의도적으로 답 메일을 하지 않았다. 이 자리를 빌려 미안한 마음을 전한다. 사실 답을 하지 않은 이유는 내 답변이 도움이 되지 않을 뿐 아니라 잘 모르기 때문이다.

솔직히 고백하자면 나는 모든 지역의 집이나 아파트를 알지 못한다. 심지어 몇 번 가본 지역에서 가끔 길을 잃기도 한다. 그런데 부동산 전문가들이 모든 지역의 아파트를 다 알고 투자 여부를 판단해야 한다고 생각하는가? 나는 절대 그렇게 생각하지 않는다. 심지어 구체적인 장소를 알려주고 "좋다", "안 좋다", "사야 한다"는 식으로 말하는 전문가들은 매우 위험하다고 생각한다.

2019년 초 MBC 〈PD수첩〉에서 부동산 스타강사들에 대한 문제점을 지적했다. 구체적인 투자처를 알려주고 투기를 조장하고 확인되지 않은 사실로 대중을 현혹시키는 그들을 보며 무서운 마음마저 들었다. 지적된 강사들도 억울한 측면이 있을 수 있다. 대중이 원하니까. 혹은 "추천한 지역과 자신은 아무런 관계가 없다"라고 이야기할 수 있다.

그러나 문제는 일반인들이다. 적게는 몇만 원 혹은 많게는 몇백만 원씩 돈을 내고 강의를 들은 후 강사들이 이야기하는 곳을 샀는데, 이후 책임은 누가 지는가? 벌써부터 관련 지역의 아파트 가격이 하락하고 있다. 다시 물어보면 "기다리시면 됩니다. 언젠가 다시 오르게 되어 있습니다"라고 말할지 모르겠다. 그만큼 여러분은 자비로운가?

가격 하락 폭이 아니라 속도에 관심을 가져야 한다

우리는 종종 착각을 한다. 투자 성과를 결정하는 건 무엇을 사느냐가 아니라 얼마에 사느냐. 살고 싶은 지역, 집이 있더라도 가격에 대한 관심을 가져야 하는 이유다. 가격에 대한 관심을 가지면서 적정 가격에 대한 기준이 필요할 수 있다. 이 부분이 어려운 점이다. 과연 얼마나 빠지면 사야 하는가?

아쉽게도 폭에 대한 적정기준은 없다. 몇 프로 빠져야 하는지에 대한 기준이 없다는 말이다. 사실 폭은 그리 중요하지 않다. 폭만 생각하면 우리는 기회를 또 다시 놓칠 수 있기 때문이다. 결국 하락도 기회도 속도에서 찾아야 한다.

가격 상승과 마찬가지로 하락 속도 또한 심리에 의해 좌우된다. 과거 아파트 가격 하락시기 심리 변화를 살펴보자. 아파트 가격이 하락할 때 거래량 변화를 보면 심리 변화의 속도를 측정할 수 있다. 가격 하락 시 거래량이 급감하는 경우와 증가하는 경우를 볼 수 있다. 가격이 떨어지면서 거래량이 급감하는 경우는 투기수요가 감소하기 때문이다. 부동산 투기 규제와 대출 제한으로 불가피하게 투기수요가 감소하는 경우에는 심리 변화가 크지 않다. 수요 감소에 따른 가격 하락이 불가피한 경우다.

가격이 하락하면서 거래량이 증가하는 경우는 심리 변화가 극심하게 일어날 가능성이 크다. 특히 집을 보유한 사람들이 집을 파는 경우가 많다. 가격 하락이 지속되면서 심리에 쫓겨 집을 팔기 시작한다. 가격이 크게 하락할 가능성이 높은 시기다. 투자하기 가장 좋은 시기이기도 하다. 반대로 가격이 상승하는데 거래량이 감소하는 시기가 있다. 투자할 때 가장 피해야 할 시점이다. 부동산 가격 상승에 대한 맹신이 가속도가 붙으면서 집을 가지고 있는 사람이 집을 안 팔기 시작한다. 반면 심리에 쫓겨 무주택자들은 집을 사기 시작한다. 2018년은 3주택 이상 주택을 가지고 있는 사람들은 감소했고, 무주택자가 집을 산 비율이 증가했다. 전형적으로 집을 사는 시점이 아니었다.

최악의 매도 심리가 가격에 반영될 때 가장 싸다

2018년 12월부터 부동산 심리가 급격히 위축되고 있다. 가장 먼저 투기수요가 감소하고 있다. 대출규제 강화와 금리 상승 그리고 세금 압박이 거세지면서 투기수요가 급격히 위축되었다. 투기수요 심리가 위축되면 추가적인 가격 상승이 불가능한 상황이 온다. 투기수요만이 가격을 올리면서 주택을 매매하기 때문이다.

이후 실제 수요가 위축되기 시작된다. 거주 목적의 수요도 가격 하락을 기대하면서 대기 수요로 전환되기 때문이다. 이후 드디어 심리가 위축되면서 투기공급이 증가하기 시작한다. 거래 가격이 실제로 하락하는 상황이 온다. 유주택자가 줄고 임대사업자도 더 이상 증가하지 않고 감소한다. 무리하게 집을 샀던 실수요자들의 불안감이 커지면서 매도가 시작되면 가격 하락 속도는 빨라질 가능성이 크다.

정리하면 가격 하락 단계는 다음과 같은 경로를 거친다. 투기수요가 감소하면서 호가가 하락하고 거래량이 급감한다. 실거래가는 큰 변동이 없다. 다음으로 실수요가 감소하면서 거래 가격이 하락하기 시작한다. 거래량은 계속 부진하다. 이후 투기공급자가 집을 매도하면서 거래량이 증가하고 가격이 크게 하락한다. 가격 하락 속도가 빨라진다. 부동산 투자에서 가장 좋은 시점이다.

사자처럼 때를 기다린다. 먹이가 먼지 바람을 일으키면서 떼로 몰려온다. 눈을 뜰 수 없고, 무리로 이동하는 거대한 흐름이 무섭게 느껴진다.

모두다 몸을 사린다. 사자는 다르다. 천천히 일어나서 가장 빠르게 움직인다.

부동산 위기가 오고 있다. 사람들은 몸을 움츠릴 것이다. 기다리던 자에게는 그 순간이 진짜 움직여야 할 때가 될 것이다. 난 "하이에나로 태어났는데 어떻게 사자가 될 수 있느냐"란 말은 변명에 불과하다. 작게 시작해도 크게 생각하면 누구나 사자가 될 수 있다.

가격이 가장 많이 빠질 곳은 어딘가?

투자는 다수가 참여한다. 민주주의에서 다수결의 원칙이 숭배 받는 이유는 이면에 '다수가 하면 정당성이 확보된다'는 가정이 성립하기 때문이다. 투자도 다수의 참여를 통해 형성되는 가격은 정당성을 갖는다. 정당성뿐만 아니라 안정성도 가지고 있다. 주식 투자에서도 유통거래 주식을 중요하게 생각하는 이유다.

유통되는 주식이 많다는 건 많은 사람들이 거래한다는 말이다. 다수의 참여를 통해서 형성된 가격은 정당하고 안정적일 가능성이 높다. 주식 시장에서 흔히 말하는 '품절주'가 있다. 유통주식수가 적어서 일부 거래를 통해 가격이 급등하거나 급락하는 특성을 가지고 있다. 소수가 거래하면서 가격 변동을 일으키기 때문에 그만큼 리스크가 크다.

아쉽게도 부동산 거래는 소수가 참여한다. 그리고 거래횟수도 매우 제한적이다. 부동산 투자가 다른 어떤 투자보다 비민주적인(?) 이유다. 그래서 가격이 왜곡될 가능성이 크다. 아파트 가격의 급등락을 유의해야 하는 이유다. 투자 관점에서 급등락한다는 것은 불확실성이 크다는 것이고 그만큼 위험하다는 증거다. 반면 변동성이 큰 시장에서 투자 원칙은 확실하다. 급등은 피하고 급락을 기회로 삼으면 된다. 투자에서 가격 하락을 보는 기본적인 관점이다.

거래회전율 하락으로 가격 상승이 이루어진 곳에 주목하라

2018년 가격이 빠르게 오른 지역의 상승 원인을 살펴보면 두 가지 공통점이 있다. 하나는 거래회전율이 급격하게 떨어지면서 가격 상승이 이루어졌다는 것이고, 또 다른 하나는 소외되었던 지역이 일종의 키를 맞추면서 가격이 올랐다는 것이다. 투자 관점에서 관심 있는 가격변화는 거래회전율이 떨어지면서 가격 상승이 빨랐던 사례다.

거래회전율이 하락했다는 뜻은 쉽게 말해 집을 가지고 있는 사람들이 안 팔았다는 의미다. 즉 매도공급이 감소하면서 가격 상승이 이루어졌다. 매도공급 감소로 가격이 오른 주택은 향후 가격 하락폭이 커질 수 있다. 매물 감소가 일시적인 현상이기 때문이다. 또한 보유 부담이 커질수록 매도가 불가피하게 되면 매물이 증가하면서 가격 하락이 빨라질 수 있다.

서울 거래회전율과 가격 상승 순위

(단위: %)

지역	2013년	2014년	2015년	2016년	2017년	2018년	18-17	하락순위	가격상승
동작구	6.1	7.2	10.4	10.1	8.3	4.4	−3.9	1	7
성동구	5.4	7.8	10	8.8	9	5.2	−3.8	2	1
강동구	5	6.2	9.3	8.6	8.8	5.3	−3.5	3	6
광진구	5.4	7.5	8.9	8.9	9.3	5.8	−3.5	4	5
강남구	4	5.1	6.3	5.7	6	2.6	−3.4	5	3
용산구	3.5	5.7	8	8.5	8.3	5.2	−3.1	6	11
종로구	6.3	8.1	9.6	8.8	7.7	4.7	−3	7	4
서초구	4.3	5.5	6.5	5.5	5.8	3.1	−2.7	8	15
송파구	4.7	5.1	7	6.9	7.1	4.6	−2.5	9	2
마포구	5.8	6.3	9.8	8.4	7.4	5	−2.4	10	14
영등포구	4.7	6.3	9.6	8	7.4	5.4	−2	11	8
서대문구	5.4	7.4	10.8	10	7.9	5.9	−2	12	18
서울	5.3	6.6	9.1	8.2	7.5	5.6	−1.9	13	9
동대문구	5.5	7	9.1	7.9	7	5.3	−1.7	14	13
양천구	5	5.7	9.4	8.7	7.2	5.6	−1.6	15	10
중랑구	5.7	8	9.6	7.9	7.6	6.2	−1.4	16	25
노원구	5.4	6.5	9	8.4	7.7	6.6	−1.1	17	17
구로구	5.6	7.3	9.7	8.8	7.5	6.4	−1.1	18	24
금천구	6.5	6.4	9.3	8	6.7	5.8	−0.9	19	22
강서구	6	7.4	12.1	10.4	8.2	7.3	−0.9	20	12
관악구	5.5	7	10.3	8.4	8.4	7.7	−0.7	21	20
중구	6	6	9	8.8	7.1	6.4	−0.7	22	16
도봉구	5.9	6.6	9.2	8.5	7	6.9	−0.1	23	21
성북구	7.5	8.8	11.1	9.6	8	8.1	0.1	24	19
강북구	6.2	7.7	11.6	9.4	8.2	9	0.8	25	26
은평구	6.7	7.4	10.3	10.3	7.4	9	1.6	26	23

자료: 국토교통부, 부동산114, 미래에셋대우 리서치센터

아파트 거래회전율 변화추이를 통해 향후 집값 하락 가능성을 검증할 수 있다. 우선 서울의 경우 2015년부터 거래회전율이 떨어지기 시작한다. 2015년 9.11%였던 거래회전율은 2016년 8.22%, 2017년 7.49%, 2018년 5.6%로 지속 하락한다. 매도 물량이 감소한 증거다. 서울 구별로 거래회전율 추이를 살펴보자. 우선 2018년 거래회전율이 가장 많이 하락한 구는 성동구, 동작구, 광진구, 강동구, 강남구 등이다. 반면 거래회전율이 상승한 곳도 있다. 은평구, 강북구가 대표적이다.

2016년부터 2018년까지 추세로 보면 거래회전율이 가장 많이 하락한 곳은 동작구, 성동구, 서대문구, 강서구, 마포구, 종로구 등이다. 과거 아파트 가격 상승기간에 거래회전율이 하락한 곳은 주로 강남 3구라고 하는 강남구, 서초구, 송파구였다. 최근과 다른 모습이다. 거래회전율이 하락한 지역이 바뀐 이유는 투기공급이 서울 전 지역으로 확산되었기 때문이다.

공급(매물)이 줄어들면서 가격이 상승할 때 상승 속도가 굉장히 빨라진다. 일종의 계단식 가격 상승이 이루어진다. 5억 원, 6억 원으로 점차 거래되던 가격이 갑자기 9억 원, 12억 원으로 상승한다. 거래가 빈번하지 않고 소수가 참여하는 시장에서 공급감소가 가격에 미치는 영향은 생각보다 훨씬 크다. 특히 아파트 거래에서 공급은 가격을 결정하는 강력한 힘을 가지고 있다. 시장에 나온 매도가를 시작으로 거래가격이 출발하기 때문이다.

가격 하락도 마찬가지다. 매물이 증가하면 가격 하락 속도는 굉장히

경기 거래회전율과 가격 상승 순위

(단위: %)

지역	2013년	2014년	2015년	2016년	2017년	2018년	18-17	하락순위	가격상승
연천군	8.1	8.8	9.3	11.9	13.5	6.7	-6.8	1	32
김포시	10.7	10.2	12.3	8.6	8.5	3.2	-5.3	2	4
과천시	4.1	4.2	8.2	7.8	6.5	2.4	-4.1	3	2
파주시	8.3	7.8	11.3	10.4	7.4	3.4	-4	4	21
양평군	8.9	8.6	11	8.1	7.2	3.4	-3.8	5	10
안성시	8.2	9.1	9.1	5.9	6	2.5	-3.5	6	31
의왕시	6.1	7.5	8.6	8	7.8	4.4	-3.4	7	9
성남시	6	7.7	8.5	8.9	8.2	5.1	-3.1	8	3
포천시	7.6	7.3	8.7	7.6	6.4	3.5	-2.9	9	23
시흥시	9.1	9.9	11	9.3	7.4	4.5	-2.9	10	17
남양주시	7.8	9.5	11	8.5	6	3.2	-2.8	11	18
여주시	7.5	9.8	12.5	9.2	5.1	2.3	-2.8	12	30
이천시	8.6	10.4	9	7.2	6.6	3.9	-2.7	13	25
광주시	6.5	8	10	7	4.8	2.2	-2.6	14	20
동두천시	9.9	8.3	13.2	16.8	7.3	4.7	-2.6	15	27
평택시	8	8.2	8.6	8.8	4.9	2.4	-2.5	16	22
안산시	7.7	9.2	9.2	6.2	5.5	3	-2.5	17	28
안양시	6.7	8.1	9.6	8.5	8.3	5.9	-2.4	18	6
구리시	6.7	8	10.6	8	7	4.8	-2.2	19	8
경기도	7.6	8.8	10	8.6	6.8	4.6	-2.2	20	11
화성시	9.9	11.5	11.1	10.7	5.3	3.2	-2.1	21	7
고양시	7.7	7.9	10.1	9.2	6.7	4.7	-2	22	19
의정부시	6.2	7.7	10.2	8.3	6.3	4.6	-1.7	23	15
양주시	7.1	7.3	11.8	9.9	5.7	4.2	-1.5	24	24
오산시	7.3	9.4	9.9	8.6	5.7	4.2	-1.5	25	29
수원시	7.2	9.4	8.9	8	6.6	5.2	-1.4	26	14
군포시	8.1	9.4	10.7	9.5	7.9	6.7	-1.2	27	12
가평군	7.6	9.9	16.1	10.7	8.2	7.2	-1	28	26
용인시	8.2	9	10.1	7.7	6.5	5.5	-1	29	13
광명시	7.8	9.2	8.9	8.5	7.5	6.9	-0.6	30	5
부천시	6.8	8.4	10.9	9.1	7.3	6.7	-0.6	31	16
하남시	6.3	7.4	9.1	5.9	6.7	6.2	-0.5	32	1

자료: 국토교통부, 부동산114, 미래에셋대우 리서치센터

빨라진다. 수요는 정해져 있는 상황에서 공급증가가 미치는 영향이 크기 때문이다. 거래회전율이 하락하면서 가격이 크게 오른 지역은 반대로 거래회전율이 증가하면서 가격 하락이 빨라질 수 있다. 거래회전율은 '실거래 건수를 전체 대상 아파트 전체 건수로 나누어서' 계산한다. 전문가들이 전혀 관심을 갖지 않던 지표다. 그러나 한국 아파트 가격 결정에 가장 결정적인 영향을 미친다. 투자 관점에서 가장 관심을 가져야 할 지표다.

진실은 장기에 걸쳐 드러난다

매도 공급 변화에 따른 가격 상승과 별개로 투기수요와 실수요가 증가하여 가격이 오른 지역이 있다. 투기수요 증가에 따른 가격 키 맞추기라면 유의할 필요가 있다. 특히 수도권 중에 상대적으로 가격대가 낮았던 아파트인데 갑자기 급등한 지역이 있다. 부동산 투자는 해야 하고 현금과 대출 능력이 안 되니 가격대 낮은 아파트를 투자 목적으로 산 경우다. 이러한 지역도 가격 하락이 빨라질 가능성이 크다. 하지만 가격이 쭉쭉 빠진다 해서 무턱대고 매입해서는 안 된다. 이런 지역은 싸게 사는 건 좋은데, 가격이 상승하려면 오랜 시간이 필요하기 때문이다.

투자에서 시간은 기회비용뿐만 아니라 불확실성을 의미한다. "장기적으로 보면 괜찮다"는 말을 제일 경계해야 한다. 반면 실수요가 증가해 가격이 오른 지역에서 가격 조정이 일어나면 기회가 될 수 있다. 그러나 아쉽게도 실수요가 많은 지역은 가격이 크게 빠지지도 않는다. 그렇다면 투자 매력도는 적어질 수 있다. 물론 안정적인 거주지임을 의미하기도 한다.

가격 상승 원인을 투기수요와 실수요로 나누는 게 현실적으로 쉽지 않다. 그러나 불가능한 건 아니다. 수요가 증가해 가격이 오른 경우는 거래량 증가를 동반한다. 따라서 가격이 오르면서 거래량 증가가 이뤄진 곳을 우선 찾으면 된다. 서울 지역에서 2017년부터 지속적으로 거래량이 증가한 곳은 관악구가 유일했다. 2018년 거래량이 증가한 지역은 은평구, 강북구, 강서구, 양천구였다.

이제 수요를 투기수요와 실수요로 나눠야 한다. 2018년 9월부터 투기과열지구 내 3억 원 이상의 주택을 구입할 때 주택구매자금조달 계획서를 제출해야 한다. 지난 12개월간 서울시 25개구 중 '구입 후 임대' 비중은 용산구가 70.4%로 가장 높았다. 이는 박원순 서울시장의 '서울역~용산역 지하화' 발표 이후 투자 및 투기수요가 집중된 결과로 보인다. 이어 금천구(59.7%), 성동구(53.0%), 강남구(50.5%), 중구(50.2%) 등에서 '구입 후 임대' 목적으로 주택을 사들인 경우가 절반을 넘었다. 서울 외 지역 중에서는 경기 성남시 분당구가 11개월 동안 보증금을 안고 주택을 사들인 뒤 임대한 비율이 70.8%에 달했다.

가격이 가장 많이 빠질 곳을 순서대로 정리하면 다음과 같다. 우선 거래회전율이 급감하면서 가격이 급등한 곳이다. 매물 감소나 호가 올리기를 통해 가격이 상승했을 가능성이 높다. 향후 매물이 증가하면서 가격 하락 가능성이 크다. 다음으로 투기수요가 증가한 곳의 가격 하락 가능성이 크다. 가격 상승 원인에 주목하는 이유는 가격이 변동되면서 기회를 줄 수 있기 때문이다.

안정적인 실수요가 증가하면 아파트 가격은 자연스럽게 상승한다. 문제는 수요를 구분할 수 없다는 데 있다. 실수요와 투기수요는 장기적으로 모습을 드러낸다. 수요를 통해 단기 가격을 파악하고 전망하는 데 한계를 가질 수밖에 없는 이유다. "수요가 증가해서 가격이 오릅니다"는 부동산 투자에서 가장 경계해야 할 말이다. 진실은 장기에 걸쳐 모습을 드러낸다. 그래서 진실은 항상 억울하다.

임대 비율이 높은 곳에 주목해야 하는 이유

아파트 가격 변동에 중요한 역할을 하는 건 투기공급과 투기수요다. 투기공급은 매물을 줄이거나 늘리면서, 투기수요는 아파트를 사거나 매수를 미루면서 가격 변화에 영향을 준다. 따라서 향후 가격변동을 예측하기 위해선 투기공급과 투기수요를 가장 먼저 파악해야 한다. 특히 가격 변동폭을 결정하는 투기공급은 가장 중요한 변동 요인이다. 임대 주택을 주목하는 이유다.

임대로 등록된 아파트는 투자인 경우가 대부분이다. 임대 아파트가 증가했다는 건 투기공급이 감소했다는 말이다. 반대로 임대 주택이 감소하면 투기공급이 증가한다는 의미다.

임대 비중이 높은 서울 아파트

주소	단지명	총 세대수	총 개인임대수	매입임대수
상계동 721	상계 주공 5	840	125	74
당산동2가 16-1	당산 대우	536	68	36
공릉로 351	청구, 한신	1,860	298	122
구로동 685-223	구로 주공 2	726	49	46
금낭화로 287-19	방화 5	1,372	183	77
가양동 1475	가양 강변 3	1,556	140	85
구로동 642-9	구로 한신아파트	488	35	26
광평로19길 10	수서 까치마을	1,404	301	65
잠원동 60-6	한신 9	286	14	12
상계동 626	상계 주공 14	2,265	188	94
상계동 740	상계 주공 2	1,966	153	81
중계동 502-1	중계 그린	3,481	266	136
가양동 1461	가양 성지 2	1,624	130	62
잠원 60-3	한신 8	816	42	30
산계동 751-1	상계 주공 4	2,136	144	78
논현동 22	논현 신동아파밀리에	644	51	22
창동 38	창동 주공 17	1,980	101	59
상계동 692	상계 주공 7	2,634	225	76
상계동 1276	청암 2	602	21	17
이태원동 22-2	청화	578	21	16
상계동 765	상계 주공 1	2,064	130	57
상계동 730-2	상계 주공 3	2,213	134	60
가양동 1490	가양 9	1,005	62	27
상계동 720	상계 주공 6	2,646	171	69
중계동 359-1	중계 주공 5	2,328	113	60
도화동 555	한화 오벨리스크	662	30	17
하계동 273	하계 장미 6	1,880	91	48
신정동 1293	학마을 1	639	34	16
올림픽로 135	잠실 리센츠	5,563	489	133

자료: 국토교통부, 부동산114, 미래에셋대우 리서치센터

향후 집값 변동을 읽을 때 상대적으로 임대 주택 비율이 높은 곳에 주목해야 하는 이유다. 투기수요가 많고 투기공급이 증가했을 가능성이 크기 때문이다. 조사 가능한 범위에서 매입 임대비율이 높은 서울 아파트를 조사하면 다음과 같다. 상계 주공 5(개인임대비율 8.81%), 당산 대우(6.72%), 공릉로 청구한신(6.56%), 금낭화로 방화 5(5.61%), 가양 강변 3, 구로 한신아파트, 수서 까치마을, 잠원동 한신 9, 상계동 주공 14, 상계 주공 2, 중계동 그린, 가양 성지 2, 잠원 한신 8, 상계 주공 4, 논현 신동아 파밀리에 등이다. 총 세대 중 개인매입 임대비율이 3%를 초과한다.

창동 주공 17, 상계 주공 7, 상계 청암 2, 가양 9, 도화동 한화오벨리스크, 하계동 장미 6, 신정동 학마을 1, 잠실 리센츠, 문정 시영, 신정동 푸른마을 2, 수서 신동아, 신대방 현대, 당산 삼성래미안, 개포 주공 4, 신내 시영 9, 등촌 주공 7·8도 개인 매입 임대비율이 2%를 넘는다.

아파트 가격이 급등하거나 급락할 때 대부분 거래량이 크게 감소한다. 1,000세대 이상 단지에서 10% 미만의 거래 회전을 통해 가격이 결정된다. 거래가 감소하면 투기공급이 가격에 미치는 영향도 커진다. 투기수요, 투기공급자가 대부분인 개인 매입 임대사업자들의 변화를 주목해야 하는 이유다.

서울 부동산 경험치 못한 위기가 온다

PART 5

변화를
인정하면
타이밍이
보인다

"Everything changes but nothing changes." 유명한 브랜드 에르메스 (Hermes)의 광고 문구다. 멋진 말이다. 모든 것은 변한다. 그러나 아무것도 변하지 않는다. 변화하지만 변화하지 않는다. 세상일이 둘 중 하나다. 변화할 수도 있고, 변화하지 않을 수 있다. 무엇이 변화하기도 하고 변화하지도 않는 차이를 만들까? 대상을 바라보는 관점의 차이다.

난 주식 시장에서 애널리스트로 일하고 있다. 기업과 산업을 분석하고 종목을 추천한다. 매일 매시간 매분 바뀌는 주가를 보면서 내가 가장 크게 배운 건 두 가지다. 모든 건 변화한다는 것, 그리고 또 그 변화를 인정하기 어렵다는 것이다. 일을 시작하면서 변화를 인정하기 힘든 경우가 많았다. 그러나 내 의지와 상관없이 바뀌는 주가를 수없이 경험하면서 변화를 인정하지 않을 수 없게 되었다.

오르는 주식은 영원히 오를 것처럼 오른다. 내리는 주식은 영원히 빠질 것처럼 빠진다. 그러나 시세는 금방 반전된다. 떨어지던 주식은 바닥을 딛고 다시 반등하고 올라가던 주식은 고점이라는 벽에 부딪쳐서 떨어진다. 애널리스트로 일하는 13년 동안 난 한 번도 오르기만 하는 주식을 못 봤다. 물론 떨어지기만 하다가 상장폐지한 회사를 보긴 했다. 그러나 예외적인 경우였다.

투자에서 변화를 인정한다는 말은 매우 중요한 관점 변화를 가져온다. 변화를 인정하면 '무엇'이 아니라 '언제'를 보게 된다. 투자에서는 대상보다 시점이 중요하다. 부동산 투자도 마찬가지다. 관점을 바꾸어 변화를 인정한다면 시점을 볼 수 있다.

영원한 건 없었다

과거 집값이 변곡점을 보였던 기간, 부동산 투자에 대한 사람들의 심리 변화와 뉴스를 보면 흥미롭다. 부동산 가격 변화 측면에서 1987년은 의미 있는 해로 기억된다. 1987년 이전까지 국내 주택 가격은 공급증가와 부동산 규제로 인해 하락세를 보였다. 지속 떨어지던 가격이 1987년 회복되었고 이후 3년간 큰 폭의 상승세를 보인다. 결론적으로 보면 1987년은 집을 사기에 가장 좋은 해였다. 그렇다면 1987년 뉴스를 통해 그 당시 부동산 시장 변화를 살펴보자.

우선 눈에 띄는 기사는 "주택에 대한 인식에서 '재산증식 수단'이 아닌 '거주' 개념이 부각된다"는 내용이다. 인터뷰 기사에서는 "집을 가지면 귀찮다"라고 말하기까지 한다. 당시 이런 분위기에서 집을 사기보다 임대하는 수요가 증가하고 세를 얻는 사람들이 늘면서 전세가격이 크게 상승하기도 했다. 오래된 아파트 가격 하락이 더욱 가파를 수 있다는 우려도 있었다. 새집도 싸게 살 수 있는데 왜 굳이 오래된 집을 사야 하냐는 논리다. 집값 하락을 경험한 사람들의 전형적인 심리적 반응도 읽힌다. "집을 사는 것보다 차를 사는 사람들이 늘어난다"는 이야기도 있다. 젊은 부부 사이에선 전셋집에 살면서 편리한 내 차를 굴리려는 풍조가 있다는 내용이다. "집보다 차"라는 구호가 어울리는 시기였다.

그러나 집보다 차를 샀던 사람들에게 1988년부터 날벼락이 떨어진다. 1988년 가을 부동산 주요기사 제목 중 가장 많은 비중을 차지했던 단어는 '집값 폭등'이었다. 특히 지방 부동산 가격이 가파르게 상승했다. 쳐다보지도 않던 오래된 아파트가 인기를 끌면서 매도물량이 크게 줄기 시작했다. 심지어 계약을 하고도 해약하는 사례까지 증가했다.

이후 집값은 1990년까지 빠르게 상승한다. 1990년 서울 아파트 매매가격 평균 상승률은 무려 37.6%에 달했다. 당시 뉴스를 살펴보면, 집값이 가파르게 상승하자 대부분 전문가들은 원인을 '돈이 너무 많이 풀린 유동성'에서 찾고 있다. 특이한 점은 집값이 오르면서 전세가격은 하락했다는 것이다. 부동산 규제는 더욱 강력해졌다. 정부는 집중 단속을 통해 투기관련자에 대해 세금 추징뿐 아니라 구속 등 체형을 가하겠다고 엄포를 놨다. 정부 규제에도 불구하고 사람들은 부동산 투자를 이제 대세로 받아들인다. 부동산 투자만큼 확실한 투자도 없다는 뉴스가 대부분을 차지하고 있었다.

지속적으로 오르던 집값이 꺾였던 건 1991년부터다. 대세상승이라고 믿었던 집값이 1995년까지 5년간 하락했고 보합세에 머물렀다. 1991년 당시 시장 반응은 극명하게 나누어졌다. 이제 하락이 시작되었다는 이야기와 다시 회복할 것이라는 의견이 분분했다. 그러나 전문가들이 내놓는 일치된 의견이 하나 있었는데 '현재 하락 추세가 1993년에는 오름세로 반전할 수 있다'는 것이었다. 시장 참여자들이 가격이 바닥세라 인식하고 주택을 사게 될 것이라는 의견이었다.

그럼에도 불구하고 집값은 회복하지 못하다가, 1997년 외환위기를 맞이하면서 더욱 가파르게 하락했다. 1998년 부동산 뉴스는 대부분 집값, 전세금 동반 폭락과 같은 기사였다. 아파트 급매물이 증가하고 집을 가지고 있는 게 고통이 되는 한 해였다. 미분양 깡통 아파트가 속출하고 건설회사들은 주택사업을 포기했다. 부동산 불패 신화가 깨졌다는 뉴스가 대부분이었다.

많은 사람들의 예상과 다르게 집값은 1999년부터 다시 급격히 상승했다. 무려 8년 이상 지속된 장기 호황이었다. 그 첫 해인 1999년 부동산 기사는 주택 가격 상승의 지속에 대해 의문을 가지는 내용이 많았다. 특히 전세 가격이 오르는 이유로 "사람들이 집을 사지 않아서"라는 근거가 쓰였다. 사람들은 아직 집을 살 때가 아니라고 머뭇거리고 있었다.

이후 글로벌 금융위기가 오기 전 집값이 급등한 2006년 시장 분위기를 보자. 2004년과 2005년 집값 상승이 소폭에 그치자 2006년 대부분 전문가들은 부동산 가격 하락을 전망했다. 당시 건교부 장관은 "올해부터 집값 하락이 시작된다"고 호언했다. 정부의 강력한 부동산 규제책과 더불어 시장에 불안감은 더욱 커졌다.

정부의 강력한 규제와 더불어 불안한 시장 전망에도 불구하고 집값은 2006년 하반기로 갈수록 가파르게 상승했다. 풍선효과, 양극화라는 이유로 강남을 비롯한 대부분의 서울 아파트 가격이 급등했다. 반면 가격 상승과 별개로 위험 요소가 발생하고 있었다. 바로 전국 미분양 아파트가 7년 만에 최대를 기록한 것이다.

글로벌 금융위기에도 하락이 크지 않던 집값은 2010년부터 2013년까지 하락세를 경험하게 된다. 2010년 새해 부동산 전문가들의 집값 전망은 '소폭 상승'이었다. 그러나 집값이 떨어지는 속도가 빨라지게 된다. 경기 지방을 중심으로 한 집값 하락은 서울로 점점 확대된다. 특히 입주가 많은 지역의 가격 하락이 빨랐다.

가격 하락이 지속되면서 시장 참여자들의 우려도 커졌다. 지속되던 부동산 가격 하락이 마무리되던 2013년의 시장 분위기를 보자. 정부 부양책에도 불구하고 부동산 투자에 대해서는 불안 심리가 팽배했던 시기였다. 여론 조사에 의하면 국민 10명 중 7명이 새해 집값은 더 떨어진다며 향후에도 회복되기 힘들다고 생각했다. 적어도 3년 이상 집값이 떨어진다고 생각했다. 반면 사람들이 집을 안 사면서 전세가격은 급등하기 시작한다. 시장의 비관적 전망에도 불구하고 집값은 2014년부터 다시 상승했다. 정부는 경기 부양을 목적으로 부동산 경기 활성화에 팔을 걷어붙였다. 대출을 풀어주고 규제를 완화했다. 금리도 낮아지면서 부동산 가격은 빠르게 회복했다.

변화가 반복되고 있다

계속 상승하던 집값은 2017년부터 혼란에 빠지게 된다. 빚내서 집을 사라고 했다가 정권이 바뀌면서 이제는 "집을 팔 때다"라고 갑자기(?) 기조를 바꾼 것이다. 정부 정책이 강력해졌다. 대출 규제와 세금이 강화되었다. 규제 정책이 처음 나올 때 시장 참여자들은 혼란스러웠지만 정부 말을 믿지 않았다. 오히려 규제를 하면 할수록 집값은 오른다는 맹신이 퍼졌다. 믿음은 현실화되고 2018년 집값은 폭등했다. 하루 아침에 몇 억 원씩 오르는 집값을 보면서 사람들은 "억! 억!" 하기 시작했다. 오늘 집값이 제일 싸다는 두려움이 몰아쳤다. 정부는 부동산 투기 심리가 강해질수록 규제 강도를 높여 나갔다.

부동산 시장에서 투자 심리는 시장 변동성을 확대시킨다. 주택 가격이 하락할 때는 위기 심리가 확대되면서 하락을 더욱 부추긴다. 주택 가격이 계속 오를 때는 긍정적 심리가 시장을 압도한다. 그에 따라 가격은 더욱 상승하게 된다. 결국 부동산 가격을 움직이는 심리는 시장 변동성을 키우는 역할을 하게 된다. 한 쪽 방향으로 심리가 강화되면 폭등과 폭락을 만든다.

재미있는 건 부동산 시장에 영향을 주는 심리 변화가 똑같이 반복되고 있다는 점이다. 특히 심리적 편향 현상이 반복되고 있다는 사실에 주목해야 한다. 심리적 편향이 반복되는 이유는 앞서 얘기했듯 사람들이 확증편향에 빠지기 때문이다. 상승할 때는 집을 산 사람들의 확신이 커지게 된다. 확신이 생기면 목소리가 커지고 매수에 동참하도록 주변사람들에게 권유한다. 그 과정을 통해 자신의 투자 의견에 집착하게 되고 점점 더 강화하게 된다. 반대로 가격이 하락할 때도 마찬가지다. 심리가 가격 변화를 일으키는 원인을 제공하기도 하지만, 편향에 빠지면서 가격 변동폭을 확대시킨다. 한국 부동산 시장에도 이러한 심리 변화가 계속하여 반복적으로 발생하고 있다.

결국 부동산 투자할 때 심리의 쏠림을 잘 살펴볼 필요가 있다. 가격 변화폭을 크게 만들기 때문이다. 그래서 심리의 쏠림을 진단할 수 있는 대표적인 의견들에 주목하자. 우선 가격 폭등기에는 '강남 불패', '집값 양극화', '지금이 가장 싸다', '집값 상승 원인은 유동성 확대', '정부 정책 무용론' 등의 의견이 시장을 지배한다. 반면 집값이 폭락할 때는 '집은 투자가 아니라 거주', '전세가 상승은 집을 안 사기 때문', '집보다 차', '부동산 신화는 깨졌다', '집값 더 빠진다'라는 이야기가 지배적인 심리가 된다. 심리 변화와 편향을 잘 읽는다면 주택 가격이 고점, 저점 이라는 신호를 쉽게 찾을 수 있다.

부동산 시장 변화 시그널을 찾아라

변화를 예측하고 경향을 파악하기 위해서는 소음과 신호를 구분해야 한다. 소음은 단기 심리 변화고 신호는 심리 변화로 일어나는 객관적 실체다. 투자를 위한 정보는 엄청나게 쏟아져 나온다. 부동산 관련 기사, 전문가 자료 등이 넘쳐난다. 그러나 아쉽게도 대부분의 정보는 소음일 가능성이 크다. 왜냐면 대부분의 기사나 자료가 현재 심리에 기반한 내용이기 때문이다.

객관적 실체에 따른 신호를 찾기 위해 '베이즈 통계학(Bayes' statistics)'에 대한 이해가 필요하다. 베이즈 통계학은 기존 통계학과 큰 차이점이 있다. 기존 통계는 모집단을 변하지 않는 대상으로 규정한다. 반면 베이즈 통계는 모집단을 미리 확정하지 않는다. 이전의 경험과 현재의 증거를 근거로 어떤 사건의 확률을 추론하는 과정을 보여준다.

예를 들어보자. 세 개의 문 중 하나를 선택해야 한다. 한 곳에는 고급 승용차가, 다른 두 문 뒤에는 소들이 기다리고 있다. 도전자가 문 하나를 선택하면(1번 문) 승용차가 어디 있는지 알고 있는 사회자는 2번과 3번 문 중 소가 있는 어느 한 쪽을 공개한다. 그리고 도전자는 자신이 골랐던 문을 아직 열리지 않은 문으로 바꿀 수 있는 기회를 얻게 된다.

소가 있는 문 하나의 정보를 알았다고 해서 승용차가 1번 문 뒤에 있을지 없을지는 여전히 알 수 없다. 그러나 1번 문 뒤에 승용차가 없다면(사전확률 3분의 2), 소가 있는 문 하나를 공개하는 행동은 도전자가 선택을 바꿨을 때 실패할 선택지를 하나 줄이게 된다. 즉 '1, 2, 3번 중 어느 문을 선택하느냐'는 기존 질문이, 사회자가 연 문에 자동차가 없다는 새 정보를 받아들임으로써 '1번을 선택하느냐, 혹은 2, 3번을 선택하느냐'는 질문으로 바뀐 셈이다. 당연히 후자의 당첨 확률이 더 높아지게 된다.

결국 베이즈 통계의 핵심은 상황에 따라서 통계와 확률이 바뀌게 된다는 점이다. 보통 객관적이라고 포장된 많은 정보는 변하지 않는 기준을 통해 판단된다. 따라서 심리적 편향이 내재되어 있다. 결국 많은 정보가 편향될 가능성이 높은 이유다.

부동산 시장을 예로 들어보자. 2019년 초 송파구에 헬리오시티 입주가 본격화되면서 전세가가 하락했다. 과거 변화를 보면 전세가 하락은 일반적으로 주택 가격 하락으로 이어진다. 언론에서 헬리오시티의 전세 가격 하락을 우려했던 이유다. 그러나 만약 향후 입주 물량이 다시 감소한다면 통계나 확률은 바뀌게 된다. 모집단 변화를 전제하고 상황을 판단해야 하는 이유다. 변화 신호를 찾는 기본 훈련이다.

전문가를 조심해라

변화 신호를 찾는 데 가장 걸림돌은 아이러니하게도 전문가다. 전문가가 상황을 분석할 때 과거를 통해 미래를 예측하는 방법을 가장 많이 쓴다. 그러나 강남 집값을 예측하는 데 1970년대 강남 개발 역사가 어떤 도움이 될지 의문을 가져야 한다. 과거 이야기가 재미있을지는 모르겠지만, 과거 분석과 미래를 예측하는 일은 완전히 다르다.

우리는 과거 분석이 이해하기 쉽고 직관적이고 심지어 흥미롭기 때문에 쉽게 끌리는 경향이 있다. 그러나 미래를 예측하는 데 과거에 대한 분석은 핵심이 아니다. 과거 분석을 통해 미래를 예측하는 전문가들을 경계해야 하는 이유다.

전문가들은 대중에 관심 받으려고 노력한다. 전문가가 주목 받기 위한 세 가지 방법은 간단하다. 우선 과격해야 한다. 일반적인 의견을 옹호하거나 유지한다면 주목 받기 힘들다. 시장 평균이 1% 상승인데, 전문가가 1.5% 상승을 이야기하면 누가 관심을 가지겠는가? 최소한 4% 이상 상승 혹은 2% 하락은 되어야 주목하기 시작할 것이다.

있어 보여야 한다. 경력, 학력, 아니면 지식에서 대중보다 월등하다는 것을 보여줘야 사람들이 주목한다. 전문가들이 자신이 가진 배경과 지식을 내세우는 이유다. 남들한테 지식을 쉽게 보여주기 위해서는 법, 규칙, 숫자 등 일반인이 이해하기 어려운 내용을 열거해야 한다. 그래야 사람들이 전문가라고 대우해준다.

　일반인이 전문가들에게 가진 편협한 선 긋기는 의외로 뿌리깊다. 한 언론과 부동산 시장 변화에 대한 인터뷰를 한 적이 있다. 최대한 쉽게 설명하고 어려운 수치나 제도는 언급하지 않았다. 인터뷰 기사가 나간 이후 인상적인 댓글을 봤다. "무슨 애널리스트가 인터뷰에 숫자 하나 없네." 근거가 없다는 내용이면 이해가 되겠는데, 숫자가 없다고 전문가가 아니라는 말은 수긍하기 어렵다. 그만큼 일반인들의 전문가들에 대한 선입견은 뿌리깊다. 그러나 배경과 지식, 숫자는 부동산 투자에 아무런 도움이 되지 않는다. 한국 부동산 투자에서 가장 성공한 사람 중 한 분인 문주현 엠디엠그룹 회장은 검정고시를 통해 대학을 겨우 졸업했다. 과거 성공하기 전 그가 한 이야기들을 일반인은 얼마나 믿어줬을까 의문이다.

　애널리스트로서 상대방을 설득하고 프레젠테이션을 잘하는 방법에 대해 많이 배우게 된다. 그 중에서 '명확한 숫자를 사용하라'는 방법이 있다. 시장을 전망하는데 "상승할 것입니다"보다 "4% 상승할 것입니다"가 좀 더 설득력 있고 명확하다. 믿음이 간다. 그래서 많은 전문가들이 숫자를 사용한다. 그러나 과연 숫자를 사용한다고 더 믿을 만한가는 의문이다. 좀 더 근본적으로 숫자를 계산해낸 방식 자체가 의심스럽다. 과연 미래를 숫자로 예측할 수 있다고 믿는가? 예측한 숫자가 정확히 맞은 예는 한 번도 보지 못했다. 지나치게 숫자에 함몰돼 이야기하는 건, 받아들이는 사람의 합리적 의심을 막는 전문가들의 오만이라고 생각한다. 심지어 사기일 수도 있다.

변화 시그널을 찾기 위해 좋은 전문가를 찾아야 한다. 좋은 전문가는 숫자보다 경향과 변화를 이야기하는 사람이다. 지나친 확신보다 조심스러운 사람이 좋다. 또한 과거 전망과 주장을 검증 가능한 전문가여야 한다.

바람은 촛불을 꺼트리지만 모닥불은 살린다

"바람은 촛불을 꺼트리지만 모닥불은 살린다(Wind extinguishes a candle and energizes fire)." 나심 니콜라스 탈레브의 책 《안티프래질》 서문에 나오는 첫 문장이다. 불확실한 변화는 바람과 같다. 그렇다면 바람을 어떻게 맞이할 것인가? 나심 니콜라스 탈레브는 이어서 이렇게 말한다. 세상에는 충격으로부터 혜택을 보는 사람들이 있다. 변화, 무작위성, 무질서, 스트레스, 위험에 노출될 때 성장하고 번창한다. 그들은 모험과 리스크, 불확실성을 좋아한다. 안티프래질(Antifragile)은 충격을 가하면 부서진다는 의미인 프래질(Fragile)의 정확히 반대되는 단어다. 충격을 가하면 더 좋아진다는 의미다.

변화를 바라보는 우리의 자세는 안티프래질이다. 변화를 적극적으로 해석하고 이용해야 한다. 부동산 투자도 마찬가지다. 불확실한 변화를 발견하고 적극적으로 활용해야 한다. 앞으로 부동산 시장에서 우리는 비선형성을 만나게 될 것이다. 선형으로 이어진다는 착각 속에 있는 많은 전문가들, 투자자들, 시장참여자들은 혼란에 빠지게 될 것이다. 그러나 투자에 성공하기 위해서는 혼란의 비선형성에서 기회를 찾아야 한다.

변화 시그널를 찾기 위해서 주의해야 할 점이 있다. 우선 개인의 경험이나 위치에서 좋은 것만 취하려는 체리 피킹(Cherry Pickining)을 피해야 한다. 체리 피킹은 데이터에 기반해 해석하는 전문가들에게서 많이 나타나는 현상이다. 자신의 의견에 맞는 데이터만 보다 보면 변화의 바람을 절대 느낄 수 없다. 투자자들은 데이터 해석을 특정 전문가에만 의존하지 않고 폭 넓게 접근하고 공부해야 한다.

과잉 반응을 경계해야 한다. 변화 시그널을 인지하면서 지나친 반응을 경계해야 한다. 현상에 대한 과잉 반응은 특히 변화가 처음 일어날 때 또는 예상치 못한 변화가 일어날 때 발생한다. 부동산 가격이 계속 오르다가 혹시라도 조금 빠지면 언론, 전문가들은 난리가 난 것처럼 반응한다.

경계를 넘어야 한다. 로마 철학자 루크레티우스는 "어리석은 자들은 자기가 보았던 가장 높은 산을 세계에서 가장 높은 산이라고 믿는다"라고 말했다. 루크레티우스 문제(The Lucretius Problem)라고 불리는 현상이다. 즉 사람들은 이미 보았거나 들었던 것 중에서 가장 큰 것을 존재 가능한 가장 큰 것으로 생각한다. 그러나 항상 세상의 큰 변화는 경계를 넘어왔다. 과거를 넘어 새로운 변화가 일어날 수 있음을 항상 자각해야 한다. 미국 연방준비은행 총재였던 앨런 그린스펀은 서브프라임 사태 이후 의회에 출석하여 "이전에는 그런 일이 일어나지 않았습니다"라는 유명한 변명을 남겼다. 이전에 일어나지 않은 일은 누구에게나 일어날 수 있다.

단기에 부동산 시장 변화를 이끄는 건 심리다. 그리고 변화의 폭을 키우는 것 또한 심리다. 아쉬운 점은 심리 변화를 알아내기도 측정하기도 매우 어렵다는 점이다. 그러나 심리 변화가 만드는 결과는 분명 존재한다. 심리는 부동산 시장에서 수요 변화와 매물 증감에 영향을 미친다. 부동산 시장 사이클과 다른 투자 사이클이 다르다고 믿는 가장 큰 근거는 실제 공급이 증가하는 데 시간이 오래 걸리기 때문이다. 그러나 심리 변화에 따른 공급과 수요는 다른 투자 사이클과 같은 형태를 가진다. 장단기의 문제일 수 있으나 부동산 시장에서 사이클을 만드는 변화는 투자에서 매우 중요한 관심사항이다.

변화는 매우 중요한 기회다. 변화가 발생할 때 위기가 될 수도 있으나 장기적으로는 언제나 기회였다는 점을 꼭 기억하자. 바람은 촛불을 꺼트리지만 모닥불은 살린다. 투자에서 변화는 작은 손실을 만들 수 있지만 큰 이익을 가져온다. 변화를 설렌 마음으로 기다리는 이유다.

정책 변화를 읽는 법

많은 사람들이 정부의 부동산 정책 실패를 이야기한다. 정부 정책이 나올 때마다 부동산 시장은 정책 의지와 다르게 움직였기 때문이다. 2017년 8월 부동산 정책이 대표적인 예다. "정부는 집 팔 기회를 드리겠다", "부동산은 투자 대상이 아니다"라고 호언장담했으나 아파트 가격은 오히려 더욱 상승했다. 정부 의도대로 부동산 정책이 시장에 영향을 못 미친 이유는 프레이밍(Framing)에 실패했기 때문이다.

2017년 8월 부동산 정책의 핵심은 양도세를 올리고, 투기지역을 지정하여 대출과 규제를 강화하는 것이었다. 문제는 이후 투기수요는 감소했으나 주택 보유자들이 정책에 대항했다는 점이다. 정부는 주택 보유자들에게 집을 팔라고 하는 부정적 프레임을 사용하여 오히려 투기공급자들의 반감을 사게 된다.

프레이밍 효과는 '동일한 문제인데 표면적인 형태를 달리해 표현하는 것만으로 사람들의 반응에 차이가 나는 현상'을 말한다. 암 수술을 앞둔 환자에게 의사가 "수술을 받았던 환자 100명 중 10명이 사망했다"라고 말하는 것보다 "100명 중 90명이 생존했다"라고 말할 때 수술을 선택하는 비율이 증가한다. 생존이 사망보다 훨씬 희망적으로 느껴지기 때문이다. 정책도 희망을 주었어야 했다. "4월까지 파세요"가 아니라 "4월까지 팔아야 더욱 이득입니다"라고 했어야 했다. 또 "지금 투기로 사지 마세요"가 아니라 "가격이 하락할 때 사야 합니다"라고 했어야 했다. 새 정부의 과도한 의욕이 부정적 효과를 일으켜 정책 프레이밍에 실패한 것이다.

문제는 '프레이밍은 진실과 차이가 있다'는 점이다. 표현 형태를 달리했다고 본질은 달라지지 않는다. 결국 프레이밍은 단기 시장에 영향을 미치지만 본질적인 영향을 미치지는 않는다. 투자자 입장에서 정책 효과를 잘못 해석하면 안 되는 이유다. 정부의 부동산 정책은 시장 변화에 영향을 크게 미친다. 어떤 경제주체보다 강한 힘을 가지고 있기 때문이다. 특히 공급이 제한된 부동산 시장에서 정부는 규제와 부양이라는 채찍과 당근을 통해 시장을 움직일 수 있다. 정부 정책은 부동산 투자에서 가장 중요한 시장 변화요인이다.

정책은 규제, 완화, 부양을 반복한다

부동산 투자를 이야기할 때 정부 정책을 빼놓을 수 없다. 정부 정책이 부동산 시장에 미치는 영향이 큰 이유는 시장이 작기 때문이다. 2018년에 서울시에서 거래 신고된 아파트 거래는 총 9만 2,535건이다. 서울 아파트 전체는 약 164만 호 정도다. 결국 한 해 약 6%의 거래를 통해 가격이 결정된다.

부동산의 기초라고 할 수 있는 국토면적을 보면 더욱 현실적이다. 전 세계 국토 면적 순위를 보면 대한민국은 109위다. 적은 인구에 국토도 작은지라 정부의 부동산 정책은 영향력이 클 수밖에 없다. 내수시장이 큰 중국은 정부 정책이 부동산 시장에 미치는 영향이 크지 않다. 최근에도 1선과 2선 도시 주택 가격이 급등하자 중국 정부는 역대 최고로 강한 규제 정책을 발표했다. 정부 규제로 1선과 2선 도시 부동산 가격 상승세는 일부 둔화되었으나 3선과 4선 도시 주택 가격이 더 가파르게 오르고 있다. 내수시장이 크기 때문에 중국은 부동산 정책 영향력이 작고 오히려 풍선효과가 발생한다.

작은 내수시장 규모와 함께 다양한 부동산 정책이 존재하는 것도 정책 효과가 큰 이유다. 부동산 정책이 많기 때문에 직접적으로 부동산 시장에 영향을 미치게 된다. 한국 부동산 정책은 크게 규제와 부양으로 구분할 수 있다. 부동산 규제 정책은 크게 거래 규제, 금융 규제 등을 통해 이뤄지는 수요 억제 그리고 재건축 규제 강화, PF 대출 강화 등을 통한 공급 조절이 있다. 부동산 부양책은 규제와 반대로 대출규제 완화, 세금 감면, 신도시 개발 등이 있다.

그 동안 정부는 주택경기 변화에 따라 많은 정책을 발표했다. 주택 시장이 조금이라도 침체되면 부양책을 동원했고, 과열되면 바로 규제정책을 사용했다. 정부의 냉탕-열탕식 개입은 역설적으로 많은 부동산 정책을 만들어내는 결과를 가져왔다.

대한민국 부동산 시장에서 부동산 정책이 미치는 영향이 크다는 데는 누구나 동의할 것이다. 따라서 부동산 투자의 시각으로 정책 영향과 방향에 대해 고민할 필요가 있다. 먼저 부동산 정책의 속성에 대해 먼저 알아야 한다. 우선 부동산 정책은 항상 변화한다. 규제만 지속되지 않고, 부양책도 계속되지 않는다. 1962년 이후 정권별 부동산 정책 기조를 살펴보면 경기 상황에 따라서 지속 변화해왔다. 즉 규제 강화와 규제 완화를 반복해왔다.

변화가 컸던 이유는 부동산 정책이 정치와 밀접한 관련이 있기 때문이다. 정치는 정치적 성향과 경제환경을 의미한다. 정치상황과 관련이 크기 때문에 부동산 정책은 발표 당시 시장 비판을 많이 받아왔다. 그러나 비판과 별개로 부동산 정책이 그 시대 부동산 시장을 대표하고 변화를 이끈다는 점이 중요하다.

우리나라 부동산 정책은 1960년대부터 본격적으로 시행되었다. 여기에서는 참여정부 부동산 정책부터 다루고자 한다. 당시 정책은 투기수요(공급) 규제와 공급 확대 정책으로 요약할 수 있다. 2001년부터 2007년까지 국내 주택 가격이 크게 상승한 기간이었다. 전국 기준 아파트 가격은 2001년부터 2007년까지 누적 상승률 92%를 기록했다. 주택 가격지수로 환산하면 서울기준 2001년 122에서 2007년 285로 상승했다.

빠른 가격 상승으로 주택 시장 과열을 우려했던 참여정부는 2003년부터 본격적인 규제 정책을 발표한다. 참여정부의 대표적인 부동산 정책은 2003년 10.29 대책, 2005년 8.31 대책, 2006년 3.30 대책, 2007년 1.11 대책 등이 있다.

2003년 10.29 대책은 종합부동산세를 도입하고 다주택양도세 중과, LTV 규제 강화가 골자였다. 2005년 8.31 대책은 양도소득세를 강화하고 보유세 및 취등록세를 인상했으며 부동산 실거래가 신고를 의무화했다. 2006년 3.30 대책에서는 재건축 초과이익환수제와 DTI를 도입했다. 2007년 1.11 대책은 투기과열지구 내 원가공개제도를 도입하고 수도권 아파트 전매제한을 확대한 규제방안이었다. 참여정부는 부동산 가격 상승 원인을 투기수요 증가에서 찾았다.

정부는 지속적으로 다주택자와의 전쟁(?)을 선포하고 규제를 쏟아냈다. 실제로 주택 가격 상승 기간에 서울 9개 강남 소재 아파트 단지 거래량을 분석하면 전체 거래량 2만 6,821건 가운데 3주택 이상 소유자 취득 건수가 1만 5,761건으로 58.8%를 차지했다. 같은 기간 9개 아파트 단지는 평균 6억 8,800만 원이 올라 2.82배나 상승했다.

결국 주택 가격 상승 원인으로 판단한 투기수요자 억제를 위한 규제에 정책을 집중했다. 그러나 결과적으로 주택 가격은 참여정부 내내 지속 상승하여 부동산 규제 정책이 효과를 발휘하지 못했다. 정책이 실패한 원인이 있다.

첫 번째가 '주택 공급 부족'이다. 참여정부 이전 국민의 정부에서는 외환위기로 건설회사 부도가 증가하고 신용위험이 증가한 시기였다. 따라서 주택 공급을 위한 준비가 미흡했었다. 주택 공급은 단기간에 이루어질 수 없다. 대출을 활용한 토지 구매가 선행되고 인허가 등 장기간에 걸친 준비가 필요하기 때문이다. 따라서 참여정부 이전 외환위기로 인한 주택 인허가 감소는 2002년 이후 신규 주택 공급 감소로 이어졌다. 공급 여력이 감소한 가운데 경제 상황이 개선되면서 주택 수요가 증가했다. 결국 주택 수요는 빠르게 회복됐으나 공급 부족으로 가격 상승이 불가피했다.

두 번째 정책 실패 이유는 '뒤늦은 정책 발표'다. 참여정부는 주택 가격 상승과 시장 분위기에 따라 규제 일변도의 정책을 시행했다. 시장 변화가 일어나기 전 정책 시행보다 가격이 상승한 이후 원인을 찾아서 규제를 가하는 방법이었다. 규제 발표가 많아진 이유다. 이러한 방식으로는 풍선효과를 발생시킬 뿐 정책 효과가 단기에 그치고 만다. 결론적으로 시장 한계와 그에 따른 규제 정책 시기 문제로 정책에 대한 불신을 키운 때였다.

이명박 정부(2008년부터 2012년)의 정책은 부동산 시장 활성화를 위한 규제 완화로 말할 수 있다. 특히 글로벌 금융위기로 주택경기 위축에 대한 우려가 커지자 정부는 투기과열지구와 투기지역 해제, 재건축 규제 완화 등을 통해 단기 주택경기 회복을 추구했다. 특히 주택 시장 심리에 영향을 크게 줄 수 있는 서울 재건축 규제를 대폭 완화했다.

규제 완화에도 불구하고 미분양 아파트가 증가하면서 시장 불안감을 키웠다. 2008년 말 기준 미분양 아파트는 16만 6,000가구로 역대 최고를 기록했다. 미분양 아파트가 빠르게 증가한 이유는 글로벌 금융위기 영향과 공급 증가다. 대외 불안 요소로 시장 위축이 불가피한 상황에서 증가한 분양 공급은 대량 미분양 사태를 일으킨 직접적인 원인이다.

단기적으로 주택분양이 증가한 이유는 분양가 상한제 때문이다. 2007년 정부는 부동산 과열 현상을 막고자 민간택지에 대해 분양가 상한제를 전면 도입했다. 건설회사들은 분양가 상한제를 피해 일시적으로 분양을 크게 증가시켰다.

결국 초기 분양률은 하락했다. 2008년 사업장 연령별 분양률 추이(진행사업장을 대상, 분양보증발급일 기준, 분기 단위로 분양률 변화추세 정리)를 보면 1분기 수도권 분양률은 13%에 불과했다. 2015년 1분기 24%와 비교해 크게 낮았다.

미분양 증가와 시장 불안으로 주택 가격이 하락했다. 2008년도 수도권 아파트 실거래가는 2007년 대비 −5.31% 하락했다. 재고 증가와 가격 하락으로 정부는 다양한 부양 정책을 동원했다. 세금 인하와 재건축 규제 완화를 통해 단기 부양에 나섰지만, 이와 같은 단기적 부양책은 가격 상승에 기여하지 못했다.

부동산 가격을 올리기 위한 노력에도 가격 하락이 지속된 가장 큰 이유는 급매물 출현이다. 주택 가격 상승기에 담보대출을 통해 집을 구매한 이후 집값 하락이 지속되면서 버티지 못하고 매물을 내놓기 시작했다. 2011년 평균 0.59%에 불과했던 부동산 담보대출 연체율이 2012년에는 0.79%로 상승한다. 결국 차입 부담을 느끼고 주택을 파는 사람들이 증가하면서 집값 하락이 불가피했다. 실질적으로 집값 하락을 방지하려면 수요 부양보다 급매물을 방지하려는 정책이 더 유효했을 가능성이 있다.

박근혜 정부는 2013년부터 전방위적으로 부동산 규제를 완화하고 주택 시장 활성화를 통한 경기부양 정책을 사용한다. 직접적인 규제 완화뿐만 아니라 대출규제 완화도 본격화되었다. 이명박 정부부터 이어진 부동산 부양 정책은 유동성을 확대시켜 부동산 시장에 영향을 미치게 된다. 거래량이 증가하고 가격 상승이 본격화된다. 투기수요와 공급에 의한 시장 변화가 빨랐던 기간이었다.

문재인 정부의 부동산 정책은 투기 억제

문재인 정부는 집권 초기부터 발 빠르게 부동산 규제에 나서고 있다. 8.2 부동산 대책에서 보여준 바와 같이 시장의 예상을 뛰어 넘는 시기와 강도였다. 부동산 정책 방향성은 투기수요 억제를 통한 가격 조정에 초점을 맞추고 있다. 주택 가격 상승 원인을 다주택자로 대표되는 투기수요로 파악하고 적극적인 규제를 통해 추가적인 가격 상승을 막겠다는 의지다.

투기수요 규제 정책은 세금과 금융 규제로 대표된다. 문재인 정부 첫 정책 중 양도소득세와 다주택자 대출규제 강화가 대표적이다. 정부는 2017년 10월에도 가계부채대책을 통해 새로운 부동산 대출규제 방안을 발표했다. 부채증가를 둔화시키기 위한 신 DTI와 총체적 상환능력비율 도입이다.

문재인 정부 부동산 정책에 대한 실효성 논란이 있다. 그러나 정책 시기와 강도 측면에서 시장에 미치는 영향이 클 것으로 예상된다. 반면 최근 집값 상승 원인인 투기공급에 대한 직접적인 규제 정책은 없다. 이러한 측면에서 투기공급에 영향을 미칠 수 있는 보유세 관련 논란은 짚어볼 필요가 있다는 판단이다.

9.13 부동산 대책은 과거 어떤 정책보다 강도가 강한 것으로 이야기된다. 그러나 사실 내용을 보면 과거 정책과 중복된 것이 많다. 문재인 정부의 부동산 정책에서 특히 유심히 볼 것은 정책의 속도다. 2017년 6.19 대책, 8.2 대책, 10.24 대책, 2018년 7.5 대책, 8.27 대책, 9.13 대책 등 숨 가쁘게 발표된 부동산 규제 정책은 속도 면에서 어느 정부보다 빠르다. 시간이 지날수록 부동산 시장에 영향을 줄 수 있는 이유다.

부동산 정책은 사이클의 진폭을 결정한다. 정책 의지가 강하면 강할수록 산은 높고 골은 깊을 수 있다. 문재인 정부의 부동산 정책은 분명하다. 투기 억제다. 보유세 강화와 임대사업자 규제가 핵심 정책이고 향후 두 정책을 통해 투기 규제가 본격화한다. 세금은 생각보다 무섭다. 경험해 보지 못한 보유세 강화가 한국 부동산 시장에 미치는 영향을 주시해야 한다.

직접적으로 다주택자를 중심으로 한 세금 부담이 가중될 전망이다. 공시지가가 현실화되면서 세금부담은 더욱 커질 수 있다. 보유세는 투자수익률을 낮춰 투기공급을 부추길 수 있다. 부동산 세금은 피할 수 없다. 불확실성에 대비해야 한다.

정부는 규제와 함께 3기 신도시 계획을 발표했다. 수도권에 30만 호 공급이 예정되어 있다. 지역을 떠나 향후 서울에 근접한 아파트 공급 증가는 부동산 시장에 부정적인 영향을 미칠 가능성이 크다. 서울 아파트 가격이 상승한 이유는 집이 부족해서가 아니다. 투기수요와 매물 감소가 주요 원인이다. 따라서 투기수요가 감소하고 매물이 증가하면 집값은 하락할 수밖에 없다. 집값이 하락할 때 신규 아파트 공급이 증가하면 시장 불확실성을 더욱 키울 수 있다. 정부의 새 신도시 계획을 우려하는 이유다.

부동산 시장에서 정부는 강력한 힘을 가지고 있다. 짧게 보면 무력해 보이지만 정부는 법과 규칙, 규제, 세금을 통해 부동산 시장을 의도하는 방향으로 이끌 수 있다. 시간의 문제일 뿐이다. 정부 규제를 비난하기보다 정해진 운동장이라고 생각하고 받아들여야 한다. 투자에서는 싸울 대상을 잘 골라야 한다.

규제보다 부양에 관심을 가져야

부동산 정책 과거 흐름을 살펴본 한 가지 이유는 '변화'다. 부동산 정책은 사회, 경제, 정치적 요구로 언제나 변화할 수 있다. 규제가 오면 다시 부양이 오게 되고 부양이 지속되다가 규제가 다시 시작된다.

대부분 사람들은 정부 부동산 정책에서 규제를 본다. 그러나 투자자 입장에서는 부동산 정책을 생각할 때 규제보다 부양에 더욱 관심을 가져야 한다. 규제는 바뀔 수 있지만 부양(개발)은 한 번 이루어지면 돌이킬 수 없기 때문이다. 특히 정부가 주도적으로 하는 개발사업은 주목할 필요가 있다. 경기부양과 지역균형발전 등을 위해 정부가 주도하는 부동산 개발은 어느 정부를 막론하고 지속 이뤄져왔다.

노태우 정부에서 이루어진 주택 200만 호 건설이 대표적인 정부주도 개발사업이었다. 분당, 일산, 평촌 등 1기 신도시 개발이 대폭적으로 이루어졌다. 개발 당시 과잉 공급이라는 논란으로 신도시 집값이 하락했다. 그러나 신도시 개발 이후 1기 신도시 아파트 가격은 2000년대 가장 많이 오른 사례 중 하나였다. 아파트 가격뿐만 아니라 토지가격도 지속 상승했다. 김영삼 정부 준농림지 개발 허용, 국민의 정부 서울근교 그린벨트 개발 완화 등이 대표적인 정부 주도 개발사업이었다. 정부 주도 개발사업은 부동산 자체의 지형을 바꿀 수 있다는 점에서 주목해야 한다.

현재 정부 부동산 정책과 비교되는 참여정부도 규제만 있지는 않았다. 대표적인 것이 강북 뉴타운, 광명, 아산 역세권 개발과 판교신도시

공영개발 및 지방 혁신도시 개발이다. 또한 세종 행정중심복합도시 개발도 이루어졌다.

개발이 시작된 이후 세종시, 지방 혁신도시는 현재까지 전국에서 아파트 가격이 가장 많이 오른 지역들이다. 참여정부가 적극 추진한 행정중심복합도시는 세종시 아파트 가격을 크게 상승시킨 결과를 가져왔다. 2006년 기준으로 2014년까지 아파트 실거래가 상승률을 보면 세종시가 126%를 기록하며 타 지역 대비 월등히 높다. 행정도시뿐 아니라 공공기관 이전을 통한 지방 불균형 해소방안으로 추진된 지방혁신도시, 기업도시도 지역 부동산 시장에 미치는 영향이 컸다. 나주 혁신도시의 경우 아파트 분양가 상승률(2011년부터 2016년까지) 63%를 기록하여 전국 22%, 서울 38%, 부산 34%에 비해 폭이 컸다.

정부가 주도하는 부동산 개발 정책은 부동산 시장뿐만 아니라 건설회사에 미치는 영향도 크다. 과거 주택 시장 변화에도 불구하고 안정적인 이익 성장을 보인 회사들의 공통점은 부동산 개발 정책 방향에 따라 사업을 재편한 회사들이다. 최근 주택 시장이 가장 위축되었던 기간은 2007년부터 2012년 사이였다. 미분양이 빠르게 증가하고 건설회사 신용 리스크가 확대되던 시기였다. 시장 불황에도 호반건설과 부영주택은 국내 주택사업을 통해 영업이익을 크게 증가시킨다. 정부의 지방 중심 개발 정책과 임대 주택 확대에 부응한 결과였다.

부동산 공공개발에서 중앙정부와 지자체 사업은 구별해야 한다. 중앙정부가 주도하는 사업은 용적률 완화와 각종 인센티브를 통한 개발이 이루어진다. 그러나 지방자치단체나 민간 사업자 개발 사업은 현재 규제 내에서 사업을 해야 하기 때문에 한계가 있다. 그동안 민간 주도 재건축, 재개발 사업이 지지부진했던 이유도 주체의 한계가 있기 때문이다. 따라서 부동산 부양책에 관심을 가져야 하는 것은 중앙정부가 주도하는 사업이다.

부동산 정책이 한국 부동산 시장에 미치는 영향은 크다. 그러나 정책 영향을 다르게 해석해야 한다. 그 동안은 규제가 발표되면 움츠렸다가 '그게 아니네' 하면서 다시 뛰어들고, 다시 '아니구나' 하면서 다시 규제를 무섭게 생각했다. 완화 정책이 발표되면 '요즘 같은 부동산 불경기에 아무리 해봤자 되겠어'라며 무시했다. 그러나 장기간에 걸쳐서 안정적인 수익을 낸 투자자는 정책을 잘 따라서 투자한 사람들이었다.

서울 부동산 경험치 못한 위기가 온다

PART 6

큰 판이
흔들리고
있다

모두 다 알고 있는 사실은 아무 일도 아닌 것처럼 생각된다. 공기의 중요성을 잊고 살듯 말이다. 투자도 마찬가지다. 너무 뻔하고 모두 알고 있어서 간과되고 있는 중요한 사항들이 있다. 바로 거시적 변동이다.

투자에서 큰 판(거시적 변동)을 읽어야 하는 이유는 불황을 이겨내기 위해서다. 경제가 빠르게 성장하고 호황일 때는 거시 환경에 대해 크게 고민할 필요가 없다. 마치 양식장에서 낚시를 하듯 적당한 곳에 자리를 잡고 기다리면 된다. 그러나 불황이 오고 투자 변동성이 커지면 큰 판을 반드시 읽어야 한다. 남들보다 투자를 잘하고 못하는 것을 넘어 생존의 문제가 될 수 있기 때문이다.

부동산 시장에 영향을 주는 거시 파동은 세 가지다. 글로벌 부동산 시장, 인구구조, 거시 경제 상황이다. 전 세계가 영향을 주고 받고 있다. 자금 이동이 자유롭고 매일 업데이트되는 글로벌 뉴스는 투자 심리에 영향을 미치고 있다. 인구구조 변화는 부동산 투자에서 가장 큰 판이다. 금리와 무역, 경제 정책 등 거시 경제 상황은 시간의 문제일 뿐 부동산 시장에 직접적인 영향을 준다.

흔들리는 글로벌 부동산 시장

지구촌(Global Village)라는 말은 이제 생소하지 않다. 지구촌이라는 단어는 마샬 맥루한이 1988년 쓴 책《지구촌: 21세기 인류의 삶과 미디어의 변화》에서 처음 사용했다. 책에 따르면 라디오, 전화, 텔레비전과 같은 통신매체 발전으로 인해 전 세계가 마을처럼 바뀌고 있다. 사실 이제 지구촌은 단순히 미디어를 넘어 모든 분야에 걸쳐 이루어지고 있다. 특히 투자관점에서 금융 분야도 빠르게 지구촌화되고 있는 상황이다. 주식 투자를 하면서 미국이나 중국 시장에 관심을 가지지 않는 투자자는 없다. 미국과 중국 주식 시장 변화에 따라서 한국기업 주가가 크게 변동한다.

이제 주식 시장을 넘어 부동산도 지구촌화가 되어가고 있다. "지난 100년간 미국과 한국 부동산 시장이 다르게 움직였기에 앞으로도 그럴 것이다"라고 이야기하는 전문가가 있다. 빠르게 변화하는 시장에서 과거를 이야기하는 건 불확실성에 투자해야 하는 입장에서는 의미가 없다. 앞으로 글로벌 부동산 시장 변화를 예의주시해야 한다.

글로벌 집값, 빨라지는 동조화

홍콩과 호주 주택 가격이 빠르게 하락했다. 〈블룸버그〉 보도에 빠르면 2018년 호주 집값은 1980년 이후 가장 빠른 하락세를 보였다. 2010년대 들어서면서 급등했던 집값이 빠르게 하락하면서 향후 주택버블 붕괴로 이어질 수 있다는 우려가 커지고 있다.

부동산 데이터 분석기관 코어로직의 자료에 따르면 2018년 말 기준 호주 시드니 주택 평균 가격은 최고점이었던 2017년 7월 대비 11.1% 하락했다. 최고점 대비 하락 폭을 기준으로 하면 1989년부터 1991년까지 기록했던 9.6%를 넘어서는 수치다.

2018년부터 홍콩의 주택 가격도 빠르게 하락하고 있다. 2018년 12월 홍콩 〈사우스차이나 포스트〉에 따르면 홍콩 일부 부동산 가격이 고점 대비 20% 이상 급락하고 있다고 보도했다. 가격 하락뿐만 아니라 거래량 감소도 빨라지고 있는 상황이다. 호주와 홍콩 집값 하락을 주시하는 이유는 전 세계에서 유일하게 2000년대 초반부터 지속 상승한 나라들이기 때문이다. 글로벌 부동산 시장에 변화가 일어나고 있다.

2018년 IMF에서 발간한 보고서에 따르면 글로벌 부동산 가격 동조화가 빨라지고 있는 것으로 조사된다. 특히 선진국 주요 도시의 집값 동조화는 더욱 빨라지고 있는 상황이다. 선진국 주요 도시 동조화 지수가 2001년 −0.2에서 2016년 −0.1로 상승했다. 특히 금융위기 이후 유동성 확대와 더불어 글로벌 주택 가격 상승이 지속되면서 동조화는 더욱 빨라진 것으로 조사되었다.

물론 부동산은 여전히 국내경제, 인구, 정책 등 국가 내부적인 영향을 크게 받고 있다. 그러나 글로벌 자금 이동이 원활해지고 부동산 시장에서 투자 심리 영향이 커지면서 글로벌 부동산 시장 동조화도 빨라지고 있는 흐름이다. 글로벌 부동산 동조화에 차이나머니도 기여했다. 과거 수 년간 중국 자본이 유입되면서 글로벌 부동산 가격이 크게 상승했다. 그러나 최근 글로벌 부동산 시장에서 중국 자금이 유출되고 있다. 언론에 따르면 2018년 3분기 중국 투자자들이 미국에서 부동산을 매각한 규모는 1조 1,000억 원이었으나 매입은 2,590억 원에 불과했다. 매각하는 규모는 점점 더 커지고 있다.

글로벌 집값이 변동되는 경향을 읽어야

장기간 전 세계 부동산 가격변화를 보면 거의 모든 나라가 등락을 반복한다. 2000년 이후 글로벌 부동산 가격 변화를 몇 가지 유사한 패턴으로 구분할 수 있다. 우선 변동성이 큰 국가들로 미국과 영국, 유럽을 들 수 있다. 이들 국가의 공통점은 전반적으로 자가 소유율이 높다는 것이다. 자가 소유율이 높기 때문에 부동산 시장에서 투자자의 영향력이 크다. 즉 투자에 영향을 미치는 경기변동, 금리 등이 부동산 가격을 결정하는 요소다.

다음으로 부동산 가격이 지속 상승했던 국가들이다. 물론 단기적인 하락이 있었으나 전반적으로 상승한 나라로 중국, 호주, 홍콩, 싱가포르, 인도, 베트남 등이 있다. 대부분 중국 경제의 영향을 많이 받거나 인구 증가로 수요가 탄탄한 국가들이다. 오랫동안 집값이 지속 하락한 국가도 있다. 대표적으로 일본을 들 수 있다. 인구감소와 고령화, 경제성장률 둔화가 이유다.

글로벌 집값 변화를 보면 경향을 읽을 수 있다. 우선 인구가 증가하고 경제가 성장하면 부동산 수요가 증가한다. 수요 증가로 부동산 가격은 지속 상승할 가능성이 크다. 이후 인구 성장률이 둔화되고 경제가 고도화되면서 실수요자보다 투기수요가 시장에 미치는 영향이 커지게 된다. 경제성장률이나 거시 경제 상황에 부동산 시장이 큰 영향을 받게 된다. 이런 시기가 오면 부동산 가격 변동성이 커지게 된다. 이후 경제성장률 자체가 둔화되고 인구감소가 본격화되면 부동산 가격 하락이 지속될 가능성이 커진다.

글로벌 부동산과 비교하여 지금 한국은 어떤 위치에 있는가를 고민해 볼 필요가 있다. 과거 인구가 급증하고 도시화가 빠르게 진행되며 경제

성장률이 빠른 시기의 부동산 시장과 지금을 비교하는 건 무리가 있다. 쉽게 말해 한국 부동산은 베트남에서 영국으로 바뀌고 있는 상황이다. 영국에서 일본으로 바뀔 가능성도 충분하다. 글로벌 부동산 시장 변동을 통해 변화 경향을 지속 파악해야 한다.

당신도 모르게 변화하는 인구구조

역대 최저출산율과 빠른 고령화. 너무 뻔한 이야기다. '높은 출산율, 높은 사망률'에서 '높은 출산율, 낮은 사망률' 그리고 '낮은 출산율, 낮은 사망률'로 이어지는 흐름은 산업화를 경험한 모든 국가가 거치게 되는 인구 변화 경로다. 우리나라도 예외 없이 이러한 경로를 따라가고 있다. 모두가 변화를 알 수 있다고 생각한다. 물론 문제를 인식하고 대비한다면 전혀 문제될 게 없다. 그러나 알고 있는 것만으로는 문제가 해결되었다고 볼 수 없다.

우선 어떤 문제가 있는지 정확하게 파악해 보자. 통계청이 발표한 2017년 출생 통계에 따르면 우리나라는 2016년부터 36개 OECD국가 중 합계출산율 꼴찌를 지속 유지하고 있다. 2016년 당시 한국의 합계출산율은 1.17명이다. 이탈리아 1.34명, 스페인 1.34명, 폴란드 1.36명, 포르투갈 1.36명이 뒤를 이었지만 한국과 격차가 크다. 단순 비교뿐만 아니라 한국의 합계출산율은 지속 감소하고 있는 추세다. 한국의 합계출산율은 2001년 1.309명을 기록한 이후 2002년 1.178명을 기록했고 2017년에는 1.05명으로 역대 최저치를 갈아치웠다.

출산율 저하와 함께 고령화도 빠르게 전개되고 있다. 우리나라의 고령화율(65세 이상 인구/총인구)은 2018년 14%로 고령사회에 진입하였다. 물론 현재 기준으로는 선진국 대비 낮은 수준이다. 그러나 2025년에는 초고령사회(고령화율 20%)에 진입한다. 속도로 보면 비교 국가의 2배 수준이다. 가장 큰 이유는 베이비붐 세대(1955~65년생, 전체 인구의 14%)가 빠르게 고령층으로 편입하기 때문이다. 우리나라의 고령인구 비중 상승폭은 2035년까지 15.9%포인트로 OECD평균 6.7%포인트에 비해 2배 이상을 기록할 전망이다.

저출산, 고령화와 더불어 1인 가구도 빠르게 증가하고 있다. 현재 길거리에서 마주치는 10명 중 한 명은 혼자 살고 있다. 결혼해서 아이를 낳고 사는 것이 정상적이라고 생각하는 사람들에게는 놀랄 만한 수치다. 더 놀랄 만한 이야기는 2019년이 되면 혼자 사는 가구가 부부와 자녀가 사는 가구수를 넘어서게 된다는 점이다. 2020년 추정 1인 가구는 588만 가구로 2015년과 비교하여 16% 증가한다.

인구구조 변화는 부동산 시장에 영향을 줄 수 있다. 1인 가구 증가에 따른 부동산 시장 변화에서 주목해야 할 점은 교육지출 감소다. 1인 가구는 자녀가 없기 때문에 교육비 지출이 크게 감소한다. 이 부문은 한국 부동산 시장을 전망할 때 매우 중요하다. 부동산 시장에서 자녀 교육이 차지하는 비중이 매우 크기 때문이다.

현재 우리나라 주택 수요자가 아파트 매입 시 가장 먼저 고려하는 가족 구성원은 자녀다. 부동산써브의 설문조사에 따르면 1,159명 중 833명(71.9%)이 아파트를 선택할 때 자녀 교육을 가장 먼저 고려한다고 한다. 그 동안 실제로 교육이 한국 주택 가격에 미치는 영향은 컸다. 특히 주요 학교나 유명 학원가가 위치한 지역일수록 아파트 가격은 상승률이 높았다.

실제로 대치동 학원가와 휘경고가 인접해 있는 대치 현대아파트(1988년 입주)는 노후 아파트임에도 불구하고 주변시세보다 높게 거래된다. 그와 비교하여 학원가와 학교에서 거리가 떨어져 있는 도곡 경남아파트는 비교 가격이 낮은 상황이다.

이와 같이 자녀 교육이 부동산 가격에 직접적으로 영향을 주었다. 그러나 향후 주택수요 증가 대부분이 1인 가구가 된다면 교육이 부동산 선택에 영향을 덜 줄 것이다. 1인 가구는 교육보다 레저, 직업 등에 영향을 받아 부동산을 선택할 가능성이 높다.

1인 가구 증가는 거주 주택규모 변화에도 영향을 미친다. 1인 가구는 다인 가구에 비해 규모가 작은 주택에 살 확률이 높다. 따라서 주택수요 증가가 소형 주택을 중심으로 일어날 수 있다. 또한 1인 가구 거주지역은 상대적으로 서울과 수도권에 집중되어 있다. 이는 젊은 세대가 직장과의 거리를 중요하게 생각하기 때문이다. 지금도 그렇지만 직주근접은 더욱 중요한 주택 선택기준이 될 가능성이 크다. 이처럼 인구, 세대 변화는 주택 시장에 직접적으로 영향을 주게 된다. 인구구조 변화를 읽어야 하는 이유다.

피할 수 없는 변화를 읽어라

고령화, 저출산은 피할 수 없는 변화다. 그렇다면 순응하기보다 기회를 찾아야 한다. 인구구조 변화에 따른 부동산 시장 영향은 수요 감소, 주거 이동률 하락, 소형 평형 선호, 도심회귀, 임대시장 활성화, 빈집 증가 등으로 특징지을 수 있다. 인구구조가 바뀌면서 일어나는 불가피한 상황에서 검증된 트렌드 변화다. 일시적인 변동으로 큰 변화를 읽지 못한다면 투자에 실패할 가능성이 크다.

최근 중소형 아파트 가격이 급등하면서 상대적으로 대형 아파트 가격이 싸졌다. 그래서 일부 전문가들이 대형 아파트를 사야 한다고 주장하고 있다. 일시적인 가격 상승이 가능할 수는 있지만 인구 변화 구조상 지속 불가능하다. 투자에서 항상 인구구조를 고민해야 하는 이유다.

저성장 시대에는 차별화가 중요하다. 차별화의 핵심은 수요에 있다. 인구에 주목하는 또 다른 이유다. 수요 양극화가 빨라지고 차이가 커진다. 부동산 투자에서도 수요를 민감하게 생각해야 한다. 그렇다면 주택 수요 중 무엇에 관심을 가져야 하는가?

통계청이 발표한 2017년 통계를 보면 국내 인구 이동자 수는 715만 4,000명으로 1976년 이후 가장 적었다. 인구 100명당 인구 이동자 비율인 인구 이동률 역시 14%로 과거에 비해 감소했다. 인구 이동률이 감소하는 현상은 자연스럽다. 인구 성장률이 줄어들고 고령화 현상이 지속되면서 한 거주지에서 오래 살기 때문이다. 역설적으로 인구 유입이 많은 곳은 더욱 주목할 필요가 있다는 말이 된다. 인구구조는 피할 수 없는 변화다. "피할 수 없다면 즐겨라"라는 뻔한 말이 아주 중요한 시대가 오고 있다.

거시 경제 변화 어떻게 해석하나

드라마 〈응답하라 1988〉을 보면 재미있는 장면이 나온다. 바둑을 하는 택이가 대회에서 우승하고 상금을 탄다. 상금은 5,000만 원. 1988년 짜장면 가격이 800원이었던 걸 감안해 현재 가치로 환산하면 상금은 약 5억 원 정도다. 동네 주민들이 모여서 상금을 어떻게 활용할 것인지 조언을 한다.

제안 내용은 땅, 은행 예금, 강남 아파트였다. 땅은 개발 호재가 있는 일산 땅이다. 그러나 "일산 볼 거 없다. 맨 논밭뿐이다"라는 반대가 있다. 목돈은 은행이 가장 안전하다는 의견도 있다. 그러나 은행이자가 얼마 안 된다는 인식이 강했다. 드라마에서 언급한 은행 이자율은 15%다. 마지막으로 강남에서 제일 잘나가는 아파트가 추천된다. 대치 은마아파트. 당시 은마아파트 가격이 5,000만 원 정도 하니까 강남에 투자하라는 이야기다. 역시 "무슨 아파트가 5,000만 원씩이나 하냐"며 핀잔을 받는다.

당시로 돌아가 5,000만 원이 있다면 당신은 어디에 투자할 것인가? 현재 시점에서 투자 결과를 살펴보자. 우선 은행에 입금했을 경우 5,000만 원은 1억 1,000만 원 정도(정기예금금리 적용)가 되어 있을 가능성이 크다. 외환위기 이후 금리가 급등했으나 이후 금리가 지속 하락했기 때문에 변동금리를 적용하면 수익률은 119%로 계산된다. 반면 일산 땅은 지역별로 큰 차이를 보이지만 평균과 당시 신도시 개발 호재를 반영하면 현재가치 10억 원 정도로 계산된다 수익률이 1,900%에 달한다. 강남 은마아파트는 어땠을까? 현재 가격이 하락추세이긴 하나 최근 은마아파트 평균 거래가격은 15억 원이다. 5,000만 원에 샀다면 2,900%에 달하는 수익률이다.

은마아파트를 샀어야 했다. 그러나 사람들은 저축에 열중했다. 1988년 당시 가계순저축률은 24.7%에 달했다. 참고로 2018년 가계순저축률은 7.6% 수준이다. 물론 1997년 외환위기라는 초유의 사태를 감안해야 하지만 사람들은 금리가 오르고 불확실성이 커지자 투자보다 저축을 택했다. 그러나 결과는 극과 극이었다. 은마아파트와 정기예금, 선택의 기로에서 가장 큰 기준이 되는 것은 무엇일까? 1998년 불확실성이 컸음에도 불구하고 강남 아파트를 선택했어야 하는 이유는 바로 거시 경제 변화에 있다.

잠재성장률이 하락하고 있다

1960년대부터 1990년 중반까지 한국 경제성장률은 7~8%에 달했다. 그러나 최근 20년간 장기 성장률이 지속 하락하는 성장률 추락을 경험하고 있다. 특히 1990년 중반 이후 한국 경제성장의 장기추세를 나타내는 10년 이동평균 성장률은 매 5년마다 평균 1%씩 규칙적으로 추락해왔다(서울대 김세직 교수 〈한국경제 성장 위기와 구조개혁 연구〉). 장기 성장률 하락은 앞으로도 지속될 가능성이 크다. 국회예산정책처는 2019년 및 중기 경제전망에서 2018~2022년 잠재성장률을 연평균 2.7%로 전망했다.

경제성장률이 달라지면 투자 선택도 바뀌어야 한다. 1991년 일본 부동산 버블이 시작된 해 당시 NHK특집에서 "땅값이 당장 반으로 떨어져도 일본 경제는 4% 이상 성장이 가능하다"는 내용의 방송을 내보냈다. 일본 경제 성장은 지속되기 때문에 부동산 가격 하락은 일시적이고 문제될 것이 없다는 내용이었다. 그러나 이후 도쿄 주택용지는 15년간 하락했다.

향후 한국 경제성장률 둔화는 어떤 방식으로든 투자와 부동산 시장에 영향을 줄 가능성이 크다. 과거 고도 성장기에는 예금보다 대출을 일으키고 금융자산보다 실물자산에 투자해야 했다. 경제 성장으로 물가가 빠르게 상승하고 그에 대비한 적극적인 투자가 필요했다. 그러나 저성장 시대는 분명 다르다.

저성장 시대, 부동산 투자도 달라져야

부동산 시장이 성숙기에 접어들수록 거시 경제변화가 부동산 시장에 미치는 영향은 커질 것이다. 경제성장률 둔화가 부동산 투자에 큰 변화를 일으킬 가능성이 큰 이유다.

장기 추세로 경제성장률이 하락하면 수요를 확대하는 정책은 효과가 크지 않을 것이다. 대표적으로 단기 경기부양을 위한 부동산과 건설 부양정책은 경제 성장에 도움이 안 될 뿐 아니라 금융위기와 같은 부작용을 일으킬 가능성도 크다. 저성장 시대에 부동산 부양책을 정부나 투자자 입장에서 조심해야 하는 이유다. 일본의 경우도 부동산 가격이 하락하자 금리를 인하하고 대규모 건설 투자를 확대시켰다. 그러나 부동산 가격 하락은 지속되었고 오히려 부실투자와 부실부채만 증가시켜 장기 불확실성을 키우는 역할을 했다.

저성장 시대 부동산 시장 변화를 일본을 통해 바라보면 분명 시사점이 있다. 우선 도시 집중화다. 특히 구도심을 중심으로 인구와 가구가 집중된다. 일본 정부의 도시재생도 영향을 미쳤지만 구도심의 역할이 특히 강조된다. 구도심 인구 집중 결과로 수도권 부동산 가격은 계속 하락했지만 도심의 가격은 안정적으로 상승했다.

부동산 운용수익에 대한 관심이 커졌다는 점도 주목된다. 성장 시대 부동산 투자의 핵심은 자본이득이었다. 즉 산 가격과 판 가격 간 차이가 투자에서 가장 중요한 요소였다. 그러나 저성장 시대에 부동산은 가격 상승 여력이 적기 때문에 차액에 대한 기대보다 운영수익에 대한 관심이 커진다. 따라서 리츠 등 부동산 대체 투자가 활성화되기도 했다.

고성장 시대를 관통하던 투자 패러다임을 바꿔야 한다. 무조건 강남 아파트를 선택하던 시대는 저물고 있다. 경제성장률이 둔화되는 시기에 정책 효과도 달라지고 부동산의 가치 판단도 달라지게 된다. 투자에서 거시 경제 변화를 주목하는 이유다.

서울 부동산 경험치 못한 위기가 온다

PART 7

위기 때
반드시
지켜야 할
투자원칙

예측하지 말고 행동해라

투자에서 중요한 건 예측보다 행동이다. 따라서 전문가들의 전망과 조언을 비판적으로 참고하고 스스로 행동하기 위한 판단 기준을 만들어야 한다. 전문가들의 의견은 예측보다 원인을 파악하기 위한 도구로 사용해야 한다.

미국 경제방송을 보면 한국과 미세하게 다른 점이 있다. 전문가가 나와서 주식이나 부동산 시장을 이야기하는데, 전망이나 예측보다는 현황 파악이나 현재 자신은 어떻게 하고 있는지가 주요 내용이다. 미래 전망은 최대한 조심스럽게 답하고 단기보다 장기 전망에 집중한다. 워런 버핏의 인터뷰를 보면 한 번도 1년 후 전망을 하는 것을 보지 못했다.

그러나 우리는 궁금해한다. 하반기 집값은 어떻게 됩니까? 그래서 집을 사야 합니까? 말아야 합니까? 집값은 언제 오릅니까? 언제 빠집니까? 주가는 언제 오릅니까? 언제부터 반등합니까?

미래는 오늘 시작되고 있다

많은 투자 전문가들의 전망은 줄곧 틀리곤 한다. 이유는 두 가지다. 원인을 파악하지 않고 예측만 하거나 전망을 바꾸기 때문이다. 나 또한 마찬가지다. 매번 그러한 실수를 반복한다. 전문가들이 예측만 하거나 전망을 바꾸는 본질적인 이유는 행동이 없기 때문이다. 행동이 없다는 말은 책임이 없다는 말과 같다.

2018년 유례없는 부동산 가격 폭등기, 전문가들의 전망과 예측 변화를 살펴보면 흥미롭다. 2017년 8월 정부 정책으로 전망이 불투명해진 시기에 수많은 전문가들이 부동산 시장 위축을 이야기했다. 가격이 오르더라도 소폭에 그칠 것이라는 전망이 대부분이었다. 그러나 여름 이후 부동산 가격이 급등하면서 전문가들은 하나 둘씩 의견을 바꾸기 시작한다. 마치 가격 상승을 예상이나 한 것처럼 공급 부족으로 가격이 계속 오를 것이라는 의견으로 바꾼다. 그러나 9.13 대책과 금리 인상으로 다시 시장이 위축되는 기미를 보이자 포지션을 바꿔 '이제 부동산 가격이 조정 받을 것'이라는 의견을 낸다. 1년에 세 번씩이나 의견을 바꾼다. 본인이 직접 부동산을 사고 팔아야 했다면 1년에 몇 번씩 의견을 바꿀 수 있었을까?

책임이 없으면 무슨 말이든 전망이든 할 수 있다. 문제는 맞고 틀리다를 떠나 평범한 사람들에게 전문가들의 전망이 미치는 영향이 크다는 점이다. "죽음을 재촉하고 싶다면 그에게 주치의를 붙여라"라는 말이 있다. 전문가로서 일을 해야 하기 때문에 계속 무언가를 주장해야 한다. 그러나 전문가들의 잦은 예측은 투자를 망칠 가능성이 크다.

예측이 틀리는 이유는 원인 파악을 제대로 하지 못하기 때문이다. 피터 드러커는 그의 저서 《창조하는 경영자(Managing for the Results)》에서 미래를 다음과 같이 이야기한다. "미래에 관해 알 수 있는 것은 두 가지 밖에 없다. 하나는 미래는 알 수 없다는 것. 다른 하나는 미래는 오늘 존재하는 것이 아니며 따라서 오늘 예측할 수 있는 것이 아니라는 것이다"라고 말한다. 그렇다면 미래를 어떻게 전망해야 하는가?

그의 다른 저서인 《산업사회의 미래》에서 그는 단언한다. 미래를 논하기 전에 오늘의 현실을 알아야 한다는 것이다. 미래는 오늘의 결과이고 이미 일어나고 있다. 현실파악을 제대로 하지 않고 미래를 예측하는 건 오늘 노력도 안 하는데 미래에 좋은 직업을 가질 것으로 기대하는 도둑심보와 같다. 현재 결과를 만든 원인을 분석하고 거기에서 미래를 발견, 예측해야 한다. 결국 현재가 가장 중요하다. 그런데 많은 사람들은 미래를 예측하는 데 현재를 등한시한다. 이유는 기대를 하기 때문이다. 오늘과 다를 것이라는 기대가 전망에 포함된다. 그러나 그것은 전망이 아닌 계획에 불과하다.

결국 가장 중요한 건 미래에 대한 예측이 아니라 현재에 대한 정확한 분석이다. 그렇다면 현실을 파악하는 방법은 무엇인가? 우리가 현재 일어난 결과에 대한 원인을 파악하는 데 가장 필요한 건 추상력이다. 추상은 복잡한 것을 간단하게 압축하는 능력이다. 문제의 핵심을 찾아내야 한다. 가장 중요한 원인을 찾아내는 것이 현재를 파악하는 가장 효과적인 방법이다. 그러나 여러 가지 원인 중에서 핵심적인 내용을 골라내는 것은 쉽지 않다. 문제는 서로 영향을 미치기 때문이다. 그럼에도 불구하고 많은 원인을 다 열거하는 것은 현재를 파악하는 데 전혀 도움이 되지 않는다. 모든 것이 다 영향을 준다는 결론이기 때문이다. 결과를 일으킨 핵심을 요약하고 추출할 수 있는 추상력이 필요한 이유다.

최근 부동산 가격 상승 논리 중 가장 강력한 것은 공급 부족이다. 서울을 중심으로 한 신규 주택 공급 부족으로 가격이 올랐다는 논리다. 그렇다면 향후 집값은 지속 상승할 가능성이 높다. 아파트는 공급을 빠르게 할 수도 없고 심지어 서울에 빈 땅도 없기 때문이다. 따라서 시장이 호황일 때 집이 부족하다는 논리는 강력하다. 공급이 급격하게 증가할 가능성이 없기 때문에 가격 상승에 대한 맹신을 높여준다.

그렇다면 진짜 주택 공급은 부족한가? 주택 공급에 대한 전문가들의 판단 변화가 재미있다. 부동산 가격이 전방위적으로 상승할 때는 절대적인 총량 부족을 이야기한다. 조정기에 접어들면 살 만한 집이 부족하다는 논리로 변화한다. 하락기에는 지역별 수급 차이를 말한다. 그때 그때마다 공급에 대한 정의가 바뀌는 것이다. 도대체 살 만한 집은 어떤 집을 말하는 건가? 새 집? 교육이 좋은 집? 직장이 가까운 집? 중의로 해석될 수 있는 원인 파악은 제대로 된 분석이 아니다. '모든 공급이 다 원인이다'라는 결론에 불과하다.

투자는 행동이다

현재 원인을 정확히 파악했다면 본인의 현재와 기준에 따라서 투자해야 한다. 투자는 행동이 필요하다. 투자(投資)에서 투(投)는 손으로 던진다는 뜻이다. 자(資)는 모은 물건이나 돈을 의미한다. 즉 투자는 '모은 돈을 던진다'는 말이다. 사람들은 투자에 대해 이야기는 많이 한다. 그러나 막상 진짜 던지는 사람은 많지 않다. 물론 현실적인 제약이 있다. 자금이 없거나 능력이 없을 수 있다. 그러나 수준에 맞는 투자를 하면 된다. 수준에 맞는 투자는 어디에나 있다.

던지려고 하지 않는 투자는 투자가 아니다. 따라서 직접 투자를 위한 준비를 해야 한다. 능력이나 여력이 안 되는데 매일 강남 부동산을 이야기하는 건 투자를 위한 준비가 아니다. 자기가 전혀 모르는 부문의 주식을 사는 건 투자가 아니다. 직접 투자하려는 현실적인 공부가 필요하다. 예측보다 변화 원인을 정확히 찾아야 한다. 정확한 원인을 찾으면 투자 방향성이 생긴다. 설정한 방향에서 자신의 위치에 따라 직접 투자해야 한다.

큰 판을 읽어라

2018년 역대 최고의 실적, 반도체 부문의 놀랄 만한 성장에도 불구하고 삼성전자 주식은 하락세를 면치 못했다. 4차 산업혁명으로 반도체 수요가 계속 확대될 것이라는 전문가들의 예측에도 불구하고 삼성전자 주가는 회복 기미를 보이지 않고 있다. 주가 하락 원인은 여러 가지를 들 수 있겠으나 가장 큰 영향을 미치는 건 거시적 경제 환경의 변화다.

인터넷 서점에서 시작한 글로벌 최대 혁신기업인 아마존의 성장세는 놀랍다. 최근 10년 동안 매출은 200배 증가했고, 5년간 시가총액은 5배 이상 상승했다. 그러나 2018년 하반기부터 주가가 빠르게 하락했다. 끝없이 오를 것 같던 주가가 하락하고 있다. 가장 큰 이유는 미·중 무역 분쟁과 금리 인상 등 거시 환경 변화에 따른 영향이다.

거시적 변화를 내 편으로 만들어라

부동산 시장도 마찬가지다. 수요와 공급, 입지, 개발 호재 등으로 가격이 움직일 수 있다. 그러나 좀 더 본질적이고 큰 변화는 거시적 파동에서 온다. 다음 문제들을 고민해 보자. 금리가 인상되면 부동산 가격은 어떻게 될까? 수출이 감소하면 아파트 가격은 떨어질까? 인플레이션이 부동산 시장에 미치는 영향은? 설비 투자가 증가하면 토지 가격은 오르는가? 이러한 문제들은 문제가 발생할 때마다 투자를 하는 사람들이 고민해야 하는 문제다.

투자자는 거시적 변화라는 큰 판을 읽어야 한다. 현재 미 백악관 무역제조업정책국장이며 중국과 무역분쟁에서 중대한 영향력을 미치는 것으로 알려진 피터 나바로는 그의 책 《브라질에 비가 내리면 스타벅스 주식을 사야 한다》라는 책에서 거시적 투자자가 이해해야 하는 기본원칙을 제시했다. 다음 내용은 책을 읽고 개인적인 해석을 바탕으로 요약한 것이다.

✔ 투자를 하고, 도박은 하지 마라

도박과 투자는 상황을 고려한 행동에서 차이가 난다. 도박은 이길 확률이 거의 없는데도 모험을 하고 돈을 잃는다. 그러나 투자는 이길 확률이 높을 때만 모험을 한다. 즉 투자는 상황을 고려한 확률을 감안해 돈을 건다.

✓ 리스크를 분산하고 최소화해라

거시적 환경을 이해하는 투자자는 리스크를 분산하는 원칙을 지켜야 한다. 리스크를 분산하는 방법은 개별 기업에 투자하는 것이 아니라 업종을 이해하고 업종에 투자하는 것이다. 거시적 환경 변화에 따라서 업종 전체가 받는 영향에 대해 이해해야 한다.

✓ 기차가 달리는 방향으로 올라타라

대부분 투자자들은 가격이 계속 오를 것을 기대한다. 기대에 따라 적극적으로 생각하고 투자하는 이유다. 그러나 거시적 투자자는 상황에 따라 생각과 태도를 바꾼다. 사기도 하고 팔기도 하고 아무것도 안 하기도 한다. 투자에서 가격이 꼭 올라야만 돈을 버는 것은 아니다.

✓ 자신에게 맞는 기차를 타라

투자자는 전환점을 잘 이해해야 한다. 주식 시장이든 부동산 시장이든 항상 올라타도 괜찮은 기차가 아니다. 어디로 향하는 기차를 타야 하는지 스스로 결정해야 한다. 시각을 넓게 가져라.

✓ 추세에 역행하지 마라

허리케인이 불면 칠면조도 하늘을 난다. 하지만 바람이 지나가면 그 칠면조는 땅 위에 머문다(Even turkeys fly in hurricanes. As the wind subsides, the turkeys stay on the ground). 케빈 머로니의 말이다. 거시 경제는 시장의 약세와 강세를 결정하는 중요한 요소다. 추세를 친구로 생각해라.

✓ 부화뇌동하여 거래하지 마라

거시 경제 사건은 시간차가 있으나 분야를 넘으며 파급효과를 미친다. 마치 바둑처럼 한 수는 또 다른 수에 영향을 미치고 전체 승부를 결정한다. 작은 곳에서 헤매지 말고 몇 수 앞을 보며 큰 판을 이해해야 한다.

내가 자고 있는 동안에도 지구는 돌고 있다

지구는 태양을 평균 초속 30km로 돌고 있다. 엄청난 속도다. 그러나 공전 소리는 들리지 않는다. 소리를 전달해주는 공기가 없기 때문이다. 소리는 들을 수 없지만 지구가 태양을 돌기 때문에 일어나는 변화는 고스란히 우리 삶에 영향을 미친다. 겨울엔 춥고 여름엔 더운 것도 다 공전 때문이다.

소리가 들리지 않는다 해서 공전이 우리 삶에 영향을 미치지 않는다고 말할 수 있는가? 투자에서도 거시 경제 영향에 주목해야 한다. 미·중 무역 분쟁이 서울 강북구 아파트 가격에, 중앙은행의 금리 인상이 부산 해운대 아파트 가격 변화에 영향을 준다. 다만 우리가 느끼지 못해 관심이 없을 뿐이다.

사실 거시 경제 변화에 관심을 가지는 이유는 기회를 찾기보단 위험을 줄이기 위해서다. 호황을 만드는 경제 변화는 사람마다 성과의 차이를 만든다. 그러나 불황은 성과를 넘어 생존의 문제다. 불황이 만든 수많은 비극적인 일들을 우리는 기억한다. 실직과 폐업, 도산, 가족 파탄 등. 리스크를 회피하고 미래를 대비하기 위해서 거시 경제라는 큰 판을 읽어야 하는 이유다. 큰 판을 읽어야 불황을 이겨낼 수 있다.

사이클을 공부해라

노자는 강물을 최고의 선이라고 한다. 왜냐하면 절대 무리하거나 싸우지 않고 시류에 순응하기 때문이다. 강물은 돌을 만나면 몸을 나누어 흘러가고 구덩이를 만나면 채운다. 절벽에서는 홀연히 몸을 던지고 큰 계곡에서는 속도를 늦춘다. 다투지 않고 순응한다. 투자도 강물 같아야 한다. 강물처럼 순응해야 한다.

투자는 사이클이다

투자에서 사이클은 반복을 의미하지 않는다. 변화를 뜻한다. 투자는 인생과 같이 확실한 것이 없다. 확실한 건 불확실하고 기준은 흔들리고 가치는 없어질 수 있다. 변화를 인정해야 투자에 성공할 수 있다. 인생이나 투자에서 변화가 존재하는 이유는 사람이 포함되어 있기 때문이다.

투자는 사람이 하는 일이다. 사람이 포함될 때 결과는 다양해지고 매번 바뀔 수밖에 없다. 감정이 포함되기 때문이다. 감정이 얼마나 빨리 변하는지 우리는 너무 잘 알고 있다. 아니라고 이야기해도 감정은 항상 바뀐다. 일반적으로 사람들은 미래를 낙관적으로 생각한다. 그래서 집을 사고 대출을 늘리고 소비를 늘린다. 긍정적인 생각과 감정들은 변화 가능성을 무시하고 투자를 극단으로 이끈다. 그러나 모두 한 번에 바뀐다. 좋은 시절은 끝나고 빚은 두려움으로 바뀐다. 가격은 너무 올랐고, 호황은 어느새 불황으로 바뀐다. 낙관은 불편함과 불안으로 바뀐다.

중요한 건 투자에서 사이클을 인정해야 한다는 점이다. 사람들은 흔히 "이번엔 달라"라고 이야기한다. 변화를 인정한다면 과거에 일어났던 사이클을 받아들여야 한다. 부동산, 주식 시장이 호황일 때 많은 전문가들이 하는 공통된 이야기들이 있다. "이제부터 시작이다", "새로운 시대가 오고 있다", "과거와 다르다" 등. 그러나 변화를 인정하지 않고 미래를 쉽게 예측하는 것은 투자에서 위험한 일이다.

강물은 바다를 포기하지 않는다

강물이 변화에 순응했던 이유는 바다로 흘러가기 위해서다. 바다로 가기 위해 산을 넘고 폭포를 견딘다. 투자에서도 변화를 인정해야 하는 이유는 분명하다. 바로 투자에 성공하기 위해서다. 성공하는 투자란 나의 의지로 남들과 다른 성과를 얻는 것이다. 역사를 보면 변화란 소수의 몫이었다. 투자는 소수를 지향해야 한다.

"좁은 문으로 들어가라. 멸망을 인도하는 문은 크고 그 길이 넓어 그리로 들어가는 자가 많고 생명으로 인도하는 문은 좁고 길이 협착하여 찾는 이가 적음이라" (마태복음 7:13-14)

변화를 인정하고 사이클을 공부해야 한다. 사이클을 인정하는 것 자체가 좁은 문으로 향하는 첫 번째 발걸음이다.

겸손해라

인생은 운이다. 너무 무책임한가? 그러나 운을 믿어야 한다. 운을 믿는다는 말에는 사실 그 본래 뜻보다 중요한 함축적 의미가 있다. 바로 겸손이다. 투자를 하다 보면 성공과 실패를 거듭하게 된다. 아무리 훌륭한 투자자라고 해도 성공만 할 수 없다. 현존하는 최고 투자자라고 불리는 워런 버핏은 2015년 13조 원의 기록적인 손실을 기록했다. 버핏이 부지런히 사들였던 회사들의 주가가 크게 하락했기 때문이다. 대표적으로 IBM과 월마트였다. 세계 최고 투자자도 손실을 볼 수 있다.

그러나 버핏은 투자로 세계 최고의 갑부 반열에 오른 사람이다. 2011년 오바마 대통령은 워런 버핏에게 자유메달을 수여한다. 자유메달은 각 분야에서 탁월한 공적을 이룬 사람에게 미국 대통령이 매년 수여하는 상이다. 이 자리에서 버핏은 자기는 단지 운이 좋았을 뿐이었다고 말한다. 그는 "미국에서 태어난 것이 행운이라고 생각하며, 일찍이 내가 좋아하고 사랑하는 일을 발견할 수 있어서 행운이었다"고 소감을 밝혔다. 또 "내 인생에 가장 중요한 두 사람을 만난 것이 가장 큰 행운이었다"며 "바로 나의 아버지와 아내"라고 말했다. 현인이라고 불리는 버핏도 자신의 성공을 운이라고 말했다.

투자는 반성하는 일이다

안되면 남 탓, 잘되면 내 탓. 남은 가끔 조상으로 바뀌기도 한다. 이런 현상을 말하는 심리학적 용어가 있다. 바로 베네펙턴스(Beneffectance, 자기위주편향) 현상이다. 성공에 대한 자신의 공로는 대단하게 생각하고 실패에 대한 책임은 하찮게 여기는 인간 행동 특성을 말한다. 베네펙턴스의 본래 뜻은 자비심, 선행이라는 뜻이다. 자기 스스로에게 자비심을 가진다는 의미다. 이러한 심리가 투자에서도 적용된다.

투자에 성공하기 위해서는 자기위주편향을 버려야 한다. 투자는 계속되어야 하기 때문이다. 자기 스스로에게만 자비심을 베풀고 실패 원인을 외부에서 찾는다면 진보는 없다. 투자에서는 반성만이 성과를 만든다. 실패뿐만 아니라 성공했을 때도 반성해야 한다. 대부분 성공도 내가 예상한 대로 이루어지지 않기 때문이다. 인간은 누구나 심리 편향이라는 관성에 따라 생각하고 행동한다. 그러나 투자에서는 심리 편향을 가장 경계해야 한다. 그러기 위해서는 끊임없이 반성하고 복기해야 한다.

우리는 '창백한 푸른 점'이다

지구는 우주라는 광활한 곳에 있는 너무나 작은 무대다. 승리와 영광이란 이름 아래, 이 작은 점의 극히 일부를 차지하려고 했던 역사 속 수많은 정복자들이 보여준 피의 역사를 생각해 보라. 이 작은 점의 한 모서리에 살던 사람들이 거의 구분할 수 없는 다른 모서리에 살던 사람들에게 보여주었던 잔혹함을 생각해 보라. 서로를 얼마나 자주 오해했는지, 서로를 죽이려고 얼마나 애를 써왔는지, 그 증오는 얼마나 깊었는지 모두 생각해 보라. 이 작은 점을 본다면 우리가 우주의 선택된 곳에 있다고 주장하는 자들을 의심할 수밖에 없다.

우리가 사는 이곳은 암흑 속 외로운 얼룩일 뿐이다. 이 광활한 어둠 속의 다른 어딘가에 우리를 구해줄 무언가가 과연 있을까. 사진을 보고도 그런 생각이 들까? 우리의 작은 세계를 찍은 이 사진보다, 우리의 오만함을 쉽게 보여주는 것이 존재할까? 이 창백한 푸른 점보다, 우리가 아는 유일한 고향을 소중하게 다루고, 서로를 따뜻하게 대해야 한다는 책임을 적나라하게 보여주는 것이 있을까?

칼 세이건이 1990년 우주 탐사선 보이저 1호가 찍어온 지구 사진을 보고 쓴 글이다. 지구는 작은 점에 불과하다. 거기에 또 인간이라니. 거기에 또 인간이 하는 투자라니. 투자 성공에서 겸손을 찾고, 투자 실패에서 반성을 찾아야 한다. 겸손은 성공하는 투자를 위한 가장 중요한 덕목 중 하나다. 우리 모두는 작은 점에 불과하다.

확률론적 사고를 가져라

불확실성이 가득한 세상에서 투자에 성공하기 위해서는 유연한 생각이 필요하다. 유연한 사고의 핵심은 무슨 일이든 절대시하지 않는 것이다. 절대화하지 않고 유연하게 사고하기 위해서는 확률적으로 생각하는 연습이 필요하다.

루빈(전 미국 재무장관)은 확률론적 사고를 "자신이 기대하거나 예상하는 것 외에 어떤 일이 일어날 수 있느냐에 대해 항상 생각해야 하는 것"이라고 말했다. 물리학에서 관성(Inertia)이란 외부환경에 변화가 없을 때 정지해 있는 물체는 계속해서 정지해 있으려는 성질을 말한다. 생각과 행동도 마찬가지다. 사람들은 외부 충격이 없는 한 기존에 가지고 있는 것을 바꾸려고 하지 않는다. 말은 쉬우나 유연한 사고를 하기 힘든 이유다. 관성은 자연적인 현상이기 때문이다.

현상유지편향, 당신의 투자를 방해한다

행동경제학의 리처드 탈러의 《똑똑한 사람들의 멍청한 선택》이라는 책에 흥미로운 실험이 나온다. 실험은 아주 간단하다.

실험 대상자 중 절반에게 무작위로 3달러를 지급한다. 그리고 나머지 절반에게는 복권을 나누어 준다. 복권에 당첨될 경우 현금 50달러, 혹은 70달러짜리 도서상품권을 받게 된다. 이어서 피실험자들 모두에게 잠깐 시간을 갖고 다른 과제를 완성하도록 한다. 이후 다시 두 집단 모두에게 선택권을 준다. 복권을 지급받지 않은 집단의 피실험자들에게 3달러를 내고 복권을 살 수 있다고 말한다. 복권을 받은 집단에게는 복권을 3달러에 팔 수 있다고 말한다.

조건은 조금 다르지만 결국 두 집단 모두에게 복권과 3달러 중 무엇을 선택할 것인가를 질문한 것이다. 일반 경제학 관점에서는 복권의 가치를 3달러보다 높게 평가한 사람들은 모두 복권을 선택해야 한다. 반대로 복권을 3달러 이하로 평가한 사람들은 돈을 선택해야 한다. 경제학에서 다루는 합리적 선택이다. 즉 처음 피실험자들이 돈이나 복권을 지급받았다는 사실은 결과에 아무런 영향을 주어서는 안 된다.

하지만 실험 결과는 경제학적 예상과 전혀 달랐다. 복권을 지급 받았던 사람들 중 82%는 복권을 그대로 가지고 있기를 원했고, 돈을 받았던 사람들 중에서 복권을 희망했던 비중은 38%에 불과했다. 사람들은 새로운 것으로 바꾸기보다 원래 가지고 있는 것을 그대로 유지하려는 경향이 강하다. 경제학자 윌리엄 새뮤얼슨과 리처드 젝하우저는 사람들의 이러한 생각과 행동에 대해 현상유지편향(Status Quo Bias)이라고 불렀다.

현상유지편향이 문제가 되는 이유는 변화를 인지하지 못하게 될 가능성이 크기 때문이다. 현재 위치로 미래를 예측하고 행동을 유지하려고 하면 투자에서 제한 요건으로 작용할 가능성이 높다. 따라서 항상 자신이 기대하고 예상하는 것 외에 다른 일이 일어날 수 있음을 인정하고 주의를 기울여야 한다. 자신의 인식이나 예측이 잘못된 것이 아닌가에 대해서도 끊임없이 질문을 던져야 한다. 성공한 투자자들의 공통점은 유연성을 갖는 일이다.

손실은 언제나 일어날 수 있다

또 다른 확률적 사고의 핵심은 만약 잘못될 경우 발생할 수 있는 손실에 대해서 항상 인지해야 한다는 것이다. 투자에서 가장 큰 화두는 '돈을 버는 것이 중요한가?' 아니면 돈을 잃지 않는 것이 중요한가?' 둘 중에서 선택하는 것이다. 문제는 수익과 손실 회피라는 두 마리 토끼는 잡을 수 없다는 점이다. 그렇다면 우리는 돈을 버는 것과 잃지 않는 것 중 하나를 선택해야 한다. 당신은 무엇을 선택하겠는가?

중국 최고의 전쟁서인 《손자병법》 전략 편에는 전쟁에 대한 기본원칙이 기술되어 있다. 병력이 적군보다 10배 많을 때는 적을 포위하고, 5배일 때는 적을 공격하며, 2배일 때는 계략을 써서 적을 분산시키며, 병력이 적과 비슷할 때는 전력을 다해 싸워야 하며, 병력이 적국보다 적을 때는 적과 부딪치지 말고 싸움터에서 벗어나야 하며, 상황이 뜻대로 되지 않을 때는 전투를 피해야 한다. 즉 전쟁에서 승리하기 위한 원칙은 '적을 기준에 놓고 작전을 정해야 한다'는 것이다.

투자에서 적은 무엇이라고 생각하는가? 투자에서 적은 손실이다. 그리고 우리 병력은 투자다. 손실을 기준에 놓고 손실이 적다고 예상되면 적극적으로 투자하고 손실이 클 것이라고 생각하면 투자를 피해야 한다. 즉 손실을 먼저 생각하고 예방하는 것이 승리하는 투자 원칙이 될 수 있다.

일본 전국 시대를 끝낸 도쿠가와 이에야스는 동시대 영웅들에 비해 너무나 평범했다. 평범한 이에야스가 노부나가와 히데요시도 달성할 수 없었던 위업을 이루어낼 수 있었던 이유는 무엇일까? 이에야스는 강대한 다케다 신겐에게 무모하게 도전했다가 패배한 후 힘들고 지친 도망자의 모습을 화가를 시켜 그리게 했다. 이에야스는 '우거지상'이라고 불리는 초상화를 항상 보면서 실수와 오만을 경계했다고 한다. 이에야스는 자신을 믿지 않고 독선적인 결정을 하지 않았다. 항상 변화를 인정하고 패배의 가능성을 두려워했다.

확률론적 사고로 당신의 돈을 지켜라

투자를 위한 확률론적 사고의 핵심은 유연하게 생각하고 손실 가능성을 항상 염두에 두는 것이다. 위대한 경제학자 케인스에 대해 어떤 사람이 그가 자주 의견을 바꾼다고 비판한다. 비판을 들은 케인즈는 오히려 다음과 같이 묻는다.

"저는 상황이 바뀌면 생각을 바꿉니다. 선생님께서는 어떠십니까?"

투자들은 자신이 가지고 있는 원칙과 신념이 있다. 분명 큰 틀의 원칙은 일관성을 가져야 한다. 그러나, 행동은 다르다. 상황이 바뀌면 신념에 따른 행동은 당연히 변해야 한다. 급변하는 상황 속에서는 행동의 일관성보다 유연성이 더욱 중요한 덕목이다. 반면 유연성의 지향점은 손실을 최소화하는 데 있다는 점도 항상 고려해야 한다. 손실은 투자에서 불가피하다. 그러나 작은 손실은 견딜 수 있지만 큰 손실은 감당하기 매우 힘들다.

흐름을 통해 판단해라

시험지를 들고 있는 두 아이가 있다. 모두 80점을 맞았다. 그런데 한 아이는 연신 싱글벙글이고 다른 한 아이는 울음보가 터지기 직전이다. 왜 같은 점수를 들고 있는데 표정이 다를까? 쉽게 답이 연상된다. 웃고 있는 아이는 지난번 시험에 70점을 맞았고, 울 것 같은 아이는 지난번 시험 점수가 90점이었다.

학창 시절에 본 〈행복은 성적순이 아니잖아요〉라는 영화가 있다. 영화 배우 이미연을 일약 청춘 스타로 만든 영화였다. 영화에서 이미연이 주연한 은주는 안타깝게도 옥상에서 자살을 한다. 1등만 하다가 7등을 하게 된 것이 이유다. 영화는 성적이 행복의 이유는 아니라고 했지만 본질을 잘못 봤다. 사실 모든 행복과 불행은 성적이 아니라 비교에서 온다.

유량(Flow)를 통한 비교가 필요하다

행복을 위해서 비교하지 말라는 말이 아니다. 비교가 중요하다는 점을 이야기하고 싶다. 투자 판단에 있어서도 비교가 중요하다. 그런데 비교는 변화 방향성을 통해 이루어져야 한다. 다시 아이들에게로 돌아가보자. 70점이었던 아이가 집에 돌아가 엄마한테 자랑스럽게 "엄마 나 80점 맞았어"라고 신나게 이야기 했다. 그런데 엄마는 칭찬해주기는커녕 "80점도 점수냐? 90점은 맞아야지"라고 화를 냈다. 아이 마음은 어떨까? 아이는 앞으로 더 발전할 수 있을까?

이런 어처구니 없는 실수를 하면 안 된다. 문제는 투자할 때 이런 실수를 하는 경우가 많다는 점이다. 주식 투자에서 PER이라는 지표가 있다. 현재 거래되는 주식 가격을 회사의 주당 순이익으로 나눈 값을 말한다. 즉 버는 돈 대비 주식 가격이 몇 배인지 계산하는 지표다. 계산만 해서는 의미가 없으니 지표를 비교해야 한다.

2017년 삼성전자 주가는 3만 원대에서 5만 원대로 70% 가까이 상승했다. 주가 상승으로 고점 논란이 있자 많은 전문가들이 대부분 내세운 논리가 있었다. "빠른 주가 상승에도 불구하고 삼성전자 PER은 7.6배로 애플과 비교해 50%가량 저평가 받고 있다. 더 상승할 수 있다." 직관적이고 이해하기 쉬운 주장이다. 충분히 논리적이다.

그러나 단순히 '50%가량 저평가'가 투자 기준이 될 수는 없다. 투자를 위해서는 '1년간 삼성전자 주가가 유례없이 70% 상승했고, 주가 상승에도 PER이 내려간 것은 반도체 업황이 과거보다 크게 좋아졌기 때문이다라는 점이 중요하다. 그렇다면 고점에 대한 인식이 달라졌을 것이다. 아쉽게도 2018년에는 삼성전자 주가가 5만 원에서 3만 원대로 다시 주저 앉았다.

부동산 투자도 마찬가지다. 부동산에 대표적 투자 지표로 PIR이 있다. 주택 가격을 연평균 소득으로 나눈 값을 말한다. PIR이 높을수록 부동산 가격에 대한 투자지표로 활용할 수 있다. 2018년 부동산 가격이 크게 상승하자 전문가들이 서울 아파트 가격과 글로벌 부동산 가격을 비교하기 시작한다. 다음과 같은 논리다.

"최근 아파트의 빠른 가격 상승세에도 홍콩, 시드니와 비교하면 아직 싸다. 서울이 쌀 이유가 없다. 2018년 2분기 기준 서울 아파트의 PIR은 9.9배다. 반면 홍콩 19.4배, 베이징 17.1배, 상하이 16.4배, 시드니 12.9배, 밴쿠버 12.6배에 달한다. 아직도 상승여력이 크다."

어떤가? 맞는 이야기인가? 이번엔 다르게 비교해보자.

"가격이 급등하면서 서울 아파트 가격이 비싸졌다. PIR은 서울 9.9배이나, LA 9.4배, 오클랜드 8.8배, 런던 8.5배, 뉴욕 5.7배, 도쿄 4.8배, 싱가포르 4.8배에 불과하다. 이제부터 하락할 가능성이 크다."

당신은 누구 편인가? 이것이 바로 저량(Stock) 비교의 문제점이다. 저량 비교는 기준에 따라서 판단이 언제든지 달라질 수 있기 때문이다. 경제학에서는 '양을 나타내는 변수가 일정한 시간에 대해 정의한 것이냐 아니면 일정한 시점에 대해 정의된 것이냐'에 따라서 각각 유량(Flow)과

저량(Stock)이라는 이름을 붙여 구별하고 있다.

투자를 판단하기 위해서는 현재의 위치와 변화를 읽어야 한다. 이런 점에서 저량 분석은 문제점이 있다. 기준과 가치관에 따라서 달라질 수 있기 때문이다. 반면 유량 분석은 변화를 읽을 수 있고 현재 위치를 파악할 수 있는 장점이 있다.

변화는 흐름을 통해 온다

불확실성이 큰 미래에 투자하는 상황에서 가장 주목해야 할 것은 변화다. 미래를 예측하기는 힘들어도 '미래는 왜 변화하는가?'에 집중하면 투자 방향성이 뚜렷해질 수 있기 때문이다. 변화 방향성 차원에서 주목하는 건 불확실성 정도다. 미래 예측의 불확실성 정도를 파악해 투자자들은 적절한 행동을 할 수 있다.

부동산, 주식 투자도 마찬가지다. 시장 변화를 일으키는 요인들의 불확실성 정도가 크다면 투자자들은 레버리지를 축소하고 가격 변화에 대비해야 한다. 반면에 변화 요소들의 불확실성 정도가 작다면 적극적으로 리스크를 확대하면서 투자에 나서야 한다. 모든 투자에서 핵심은 가격을 움직이는 요소들의 불확실성 정도를 측정하는 데 있다.

하워드 막스는 알 수 없는 미래를 효과적으로 대처하기 위한 두 가지 방법을 이야기 했다. '작은 그림에 집중할수록 그것에 대해 더 많이 알게 된다'는 것과 '현재 상황이 어디쯤인지 파악하기 위한 노력을 해야 한다'는 점이다. 현재 상황을 정확하게 파악하고 작은 변화에 초점을 맞춘다는 두 가지 원칙은 불확실성 정도를 예측하는 방법이 될 수 있다.

흐름(Flow)에 주목하는 이유다. 현재 상황과 작은 변화를 알아내기 위해서는 흐름에 대한 이해가 중요하다. 흐름을 통한 시각을 가져야 현재 위치를 파악할 수 있다. 지금 비싸냐 싸냐가 중요한 게 아니라 흐름을 봤을 때 지금 어느 위치인가를 파악해야 한다. 그래야 불확실성 정도를 측정할 수 있다.

당신이 투자자가 되길
진심으로 바란다

지금까지 부동산 투자와 성공적인 투자자가 되기 위한 많은 이야기를 했다. 그러나 부족하다. 투자는 심오한 과정이다. 떼로 몰려다니면서 사고 팔고, 가격을 흥정하고 함부로 미래를 예측하는 일이 절대 아니다. 성공한 투자를 위해서는 공부와 사색, 철학과 행동이 필요하다. 마지막으로 진심을 담아 성공적인 투자자가 되는 길 두 가지만 더 이야기하고자 한다.

에드거 앨런 포는 우리에게 시인과 탐정소설가로 잘 알려져 있다. 그가 쓴 소설 중 《잃어버린 편지》라는 작품이 있는데 줄거리는 다음과 같다.

이야기는 프랑스 왕궁에서 시작된다. 간교한 한 대신은 귀부인의 테이블 위에 놓여 있는 편지가 비밀 편지라는 것을 알아챈다. 그래서 몰래 가져간다. 귀부인은 그 사실을 알면서도 다른 사람들이 그 편지에 대해 알 것을 두려워해 아무 말도 하지 못한다. 간악한 대신은 편지를 믿고 정치적인 권력을 휘두르기 시작한다. 귀부인은 어떻게 해서라도 편지를 찾아와야 했다.

그래서 귀부인은 경시총감에게 편지를 찾아오라고 명령을 내린다. 비밀 명령을 받은 경시총감은 편지가 대신의 집에 있다는 제보를 받고 집을 수색한다. 그러나 편지는 발견되지 않았다. 총감은 집을 구석구석 다 뒤지고 심지어 벽, 천장 속까지 조사했지만 편지를 발견하지 못했다. 어려움에 처한 총감은 잘 알고 지내던 뒤팽에게 도움을 청한다. 그러자 뒤팽은 편지가 숨겨진 곳을 금방 찾아낸다. 편지는 눈에 쉽게 띄는 곳에 있었다. 방의 난로 앞에 있는 편지함 속에 아무렇게나 놓여 있었던 것이다.

총감에게 편지를 돌려 준 후 뒤팽은 같이 살고 있는 친구에게 편지를 발견한 비결에 대해서 설명해준다.

"총감이 수사 방법은 매우 훌륭했다네. 만약 편지가 그들의 수사 범위에 놓여 있었다면 편지를 금방 발견할 수 있었을 거야. 그러나 그들의 방법은 이 사건과 범인에게 알맞지 않았어. 대신은 매우 교묘하게 편지를 숨겼는데 총감은 프로크루스테스의 침대처럼 자신의 수사방식에 무리하게 뜯어 맞추려 했다네. 그는 언제나 사건에 대해 너무 깊게 고민하거나, 혹은 너무 가볍게 생각하기 때문에 실패하는 것이라네."

프로크루스테스는 그리스 전설에 나오는 도적이다. 그는 사람을 잡으면 쇠 침대에 뉘어 침대보다 키가 크면 튀어나온 부분을 자르고 침대보다 작을 때는 늘여서 침대와 같은 길이로 만들어 죽였다고 한다. 뒤팡은 이어 아이의 예를 들어 설명한다.

"여덟 살쯤 되는 한 아이를 알고 있는데 홀짝 게임을 잘해서 칭찬을 받았다네. 한 사람이 유리 구슬을 손에 쥐면 홀인지 짝인지 맞추는 게임이지. 아이는 게임을 너무 잘해 친구들의 유리 구슬을 모두 따버릴 정도였다네. 아이가 게임을 잘한 이유는 알아맞히는 법칙을 알았기 때문이야. 그것은 별다른 게 아니라 상대방의 약삭빠름을 잘 관찰해 행동을 예측하는 방법이었네. 예를 들어 이 꼬마는 바보 같은 아이와 게임을 할 때 처음에 홀수로 대답해서 졌다면 두 번째부터는 무조건 이길 수 있었다네. 꼬마는 이렇게 예측하는 거지. '이 멍청이는 처음에 짝수로 이겼기 때문에 두 번째는 홀수를 잡을 것이다. 그러니 홀수라고 대답하자.' 반면 상대방이 좀 더 영리한 친구라면 꼬마는 이렇게 생각하지. '이 녀석은 내가 처음에 홀수라고 말했기 때문에 두 번째는 멍청이처럼 간단하게 짝수에서 홀수로 바꾸려고 할 것이다. 하지만 다시 생각해 보고는 그건 너무 간단한 방법이라고 생각하고 결국 첫 번째와 같은 짝수를 잡을 것이다. 그렇다면 짝수로 대답하자.' 그래서 또 이기는 것이라네."

투자에서 성공하기 위해서는 뒤팡의 수사방법과 아이의 홀짝 게임 방법을 배울 필요가 있다. 예상한 결과를 얻기 위해서는 자기 생각을 외부 환경과 일치시켜야 한다는 점이다. 자기 자신을 부정하고 상대방의 입장과 환경을 이해한 후 부정을 통해 자기 자신의 입장을 찾아가는 일이 성공하는 투자 여정이다. 부정은 변화의 과정을 말한다. 지겨울 정도로 변화를 이야기하는 이유다.

투자는 반드시 필요하다. 투자를 잘하기 위해서는 변화를 읽어야 한다. 투자에서 성공하기 위해서는 자신의 생각을 세상과 합치시켜야 한다. 부동산, 주식 투자 모두 마찬가지다. 나는 운이 좋게도 부동산과 주식 투자 세계를 동시에 경험하고 있다. 분명 부동산과 주식은 자산의 성격상 차이가 난다. 그러나 투자로서 바라보면 같은 점이 많다. 그 중에서도 변화한다는 점은 너무나 극명한 공통점이다. 투자에 성공하기 위해서는 내 생각을 세상에 맞추고 변화를 인정해야 한다.

《그리스인 조르바》에서 주인공 조르바는 다음과 같은 이야기를 한다.

"확대경으로 음료수를 들여다보면 물에는 육안으로 보이지 않는 조그만 벌레가 우글거린답니다. 보고는 못 마시지. 안 마시면 목이 마르지. 두목 확대경을 부숴 버려요. 그럼 벌레도 사라지고, 물도 마실 수 있고, 정신이 번쩍 들고."

조르바가 두목에게 한 이야기는 바로 행동이다. 확대경을 부수는 일. 확대경을 깨뜨리고 물을 마셔야 한다. 투자에서도 확대경을 깨뜨리고 행동을 해야 한다. 책을 열심히 읽고, 공부하고, 유튜브도 많이 보고 모두가 다 중요하다. 그러나 투자에서 가장 중요한 성공원칙은 행동이다. 행동하지 않으면, 실제 투자하지 않으면 아무것도 아니다.

고령화, 저출산, 저성장, 온통 부정적인 단어가 미래를 지배하고 있다. 불확실하고 불안하다. 그러나 과거에도 그랬을 것이다. 다가올 미래는 항상 두렵다. 지금, 당신, 우리의 문제가 아니다. 언제나 문제였고, 어느 때나 걱정거리였다.

　무엇을 해야 할까? 걱정만 하고 있을 수 없다. 무엇인가 해야 한다. 답은 투자다. 불확실한 미래와 싸워야 한다. 자신과 가족, 사회를 위하는 길이다. 투자를 해야 한다. 단순히 돈을 투자하자는 이야기가 아니다. 몸과 생각을 건강하게 만들고, 좋은 사회를 만들기 위해 관심을 갖고, 매일 마주치는 이웃에게 인사를 하는 일. 큰 일, 사소한 일 모두 불확실한 미래를 현재보다 좋게 만드는 투자다.

　세상을 투자로 바라보자. 그럼 내일을 떠올릴 때 걱정보다 기대가 크리라 믿는다. 이 책이 당신이 투자자가 되는 길에 작은 표지판이 되길 원한다.

　모든 독자들의 투자를 응원한다.

서울 부동산 경험치 못한 위기가 온다

초판 1쇄 2019년 4월 10일
초판 2쇄 2019년 4월 20일

지은이 이광수
펴낸이 전호림
책임편집 권병규
마케팅 박종욱 김선미 김혜원

펴낸곳 매경출판㈜
등록 2003년 4월 24일(No. 2-3759)
주소 (04557) 서울시 중구 충무로 2(필동1가) 매일경제 별관 2층 매경출판㈜
홈페이지 www.mkbook.co.kr
전화 02)2000-2642(기획편집) 02)2000-2645(마케팅) 02)2000-2606(구입 문의)
팩스 02)2000-2609 **이메일** publish@mk.co.kr
인쇄·제본 ㈜M-print 031)8071-0961
ISBN 979-11-5542-660-9(03320)

이 도서의 국립중앙도서관 출판예정도서목록(CIP)은 서지정보유통지원시스템 홈페이지(http://seoji.nl.go.kr)와 국가자료공동목록시스템(http://www.nl.go.kr/kolisnet)에서 이용하실 수 있습니다.
(CIP제어번호:CIP2019009554)